Le Var est dans la Pomme

Je voulais seulement acheter une maison dans le Var...

...et je me suis retrouvé au milieu d'un vaste réseau de corruption de procureurs, de juges, d'avocats, d'huissiers, de gendarmes et de mafieux.

Cela était sans compter la corruption omniprésente, mais aussi omnipotente par les positions stratégiques de ses acteurs, membres du système judiciaire, des services de l'ordre à leur service, au tribunal de grande instance par ses « procureurs ».

HISTOIRE AUTHENTIQUE BASÉE SUR DES FAITS RÉELS, PREUVES À L'APPUI.

Témoignage de Laurent GRANIER

The Cocker Publisher pour le compte de

« ANOTOW » (Another Tomorrow) ONG Fondation

ISBN: 9781097851164

TÉMOIGNAGE HISTOIRE VRAIE

Français,
je n'ai Absolument AUCUNE Confiance
en la Justice de Mon Pays.

2013, FRANCE, VAR :
Agression, Séquestration, Saucissonnage, Rançon, Extorsions, Vols, Intimidations, Chantage, Menaces de Mort

**Délits couverts par la Gendarmerderie Varoise,
les procureurs, les magistrats,
associés à l'organisation criminelle locale**

**Le Département du VAR,
La Ville de TOULON,
La ville d'Aix-en-Provence :
Nids « Maconnique »**

Par Laurent GRANIER, Victime

Le traquenard pour faire taire, en France, en 2013,
- puis en 2018, voir autre témoignage publié :
« *2018, FRANCE, VAR : Internement Abusif*
à Buts Politique, Religieux et Dogmatique » -
en toute impunité, sans jugement,
toute dénonciation de corruption, toute vérité
contraire aux bonnes pensées
de la FRANÇAISE-MACONNERIE,
de ses MAFIAS, de sa GENDARMERDERIE
et de sa MAGISTRATURE.

Les Agréments délicieux de Toulon,
du Département du VAR,
grâce à la « Française-Maconnerie » Provençale,
ses corrompus maires, préfets, procureurs,
juges, magistrats, et sa gendarmerderie.

Tous efficaces pour une cause,
La Leur !

Sommaire

Prologue

Le 27 mars 2013, au matin, j'ai été agressé à mon domicile, à Saint Cyr-sur-Mer, dans le VAR, par deux individus cagoulés, en tenue de combat. Moi, en tenue de lit...
Leur venue était motivée par une consigne tacite :
Me faire renoncer à l'acquisition d'une maison,
et surtout me faire taire sur ce que je savais d'eux, de ceux qui les envoyaient...
et accessoirement, me voler de quelques sommes non dérisoires.

Les salauds sont omniprésents, et nous pouvons toujours y être confrontés même si nous n'avons jamais désiré les côtoyer, ni même faire du « business » avec eux.
Même, et je dirais plus, surtout si notre choix est de faire des affaires d'une normale intégrité, car, en la situation de découverte de leurs délits dans lesquels ils vous ont mêlé à votre insu, il n'est pas de bonne augure de les dénoncer à la Justice Française.
Non pas par crainte de leur courroux, mais simplement par déception de la sale complicité, muette et aveugle dans le meilleur des cas, mais « sonnante et trébuchante » dans sa généralité, des autorités françaises, magistrature incluse et partie « prenante », cette dernière agissant alors concrètement en tant que « Directrice des Opérations »...
Pour certaines causes et pour certains partenaires, et surtout

pour certains « Frères », « ils » emploient leur meilleure stratégie, efficace de surcroît, qui est de vous isoler, tant au titre des poursuites judiciaires que vous tentez (vainement) d'enrôler, que de celui qui concerne votre propre sécurité physique.

Leur « habileté » est de détourner le regard afin que « certains » entreprennent des actions tout autant officieuses que réelles et persuasives pour vous faire taire ; à jamais si besoin est...

Ce récit est authentique.

Il n'est pas le fruit d'entretiens de personnes sous le couvert d'anonymat, mais bel et bien (moche et mal, plutôt...) ce qu'il m'est arrivé personnellement, ce que j'ai mis au jour, à mes dépens, et à mes risques et périls.

Il y est tout un réseau labyrinthique de personnages tissant les fils de corruptions, de collusions, de trafics d'influences et de partenariats en tous genres, dans le même but d'entreprendre de frauduleuses et crapuleuses activités fortement rémunératrices dès lors qu'elles requièrent le moindre effort.

Une pieuvre (*sic*) dont chaque tentacule est aussi long que puissant, autant insidieux que pervers, autant omniprésent qu'omnipotent, et qui sévit en totale impunité, puisqu'elle détient les rênes de l'institution qui est censée la combattre, la dénoncer, la condamner, la sanctionner, la punir, et même l'anéantir.

Bref, des découvertes pour lesquelles mon choix de les révéler afin de les combattre, m'a obligé à quitter le territoire français pour préserver mon existence puisque les autorités de ce pays, supposé des Droits de l'Homme, en sont complices... et bénéficiaires.

Je rappelle, nous sommes en 2013.

J'ai en mains toutes les preuves de ce qu'il s'est produit, de ce qu'il m'est arrivé, de ce qu'il continue à se passer, ce, par des documents qui expriment leurs actes, et surtout, leurs non-actes...

Malheureusement, cette mésaventure n'est pas un cas d'école, vu que j'ai subi d'autres déconvenues, encore plus graves par l'étendue organisée de la corruption du système judiciaire français, par la magistrature qu'elle abrite, et dont elle-seule, se juge !

J'ai de nombreux dossiers qui font l'objet d'un autre ouvrage plus détaillé sur les manières collusives et malhonnêtes, non pas seulement au détriment de la loi, mais bien certainement de toute morale.

Ces autres mésaventures sont divulguées dans la lettre au président de la République Française en 2013, François Hollande, dont vous trouverez la teneur en ces pages.

Mon histoire « éclectique » dévoile une organisation criminelle d'ampleur internationale.

Celle de la « Française-Maconnerie », du moins, de ceux qui s'en revendiquent.

La « Française-Maconnerie » ne rend pas le Monde plus beau, plus sûr.

Elle n'améliore pas non plus l'Humanité. Elle s'en nourrit en la vampirisant, elle rend le paysage nauséabond et moche car elle détruit toute foi en l'humain, en la justice, en l'honnêteté, en l'intégrité, et ainsi, donc, en son évolution.

La « Française-Maconnerie » a comme fer de lance son seul bénéfice, et d'autant plus s'il est au détriment d'autrui, qui ne peut être qu'ennemi.

Elle emploie et use de toutes les tromperies, de tous les mensonges, de toutes les argumentations fallacieuses, pour pétrir des « infox » qu'elle dispensera au gré des médias français, veules et obéissants, qui abritent des journalistes vendus à leur cause.

La « Française-Maconnerie » est l'ennemi de la Vérité, qu'elle transfigure, défigure, renie même, au point de laisser à l'Histoire uniquement ce qu'elle veut bien restituer, ce qui l'arrange et qui la tourne toujours tout à son avantage.

Et pour cela, elle est au sein de la lie de toute société, les syndicats et les partis politiques.

Tous les partis politiques français sont vendus à leur cause, en dépit de leurs discours si avenants...

A la lecture de cette « simple » histoire, vous aurez enfin ce qui qualifie le mieux et le plus précisément la « Française-Maconnerie » : la Vilenie, la Bassesse, la Médiocrité, la Perversité, les Faux-fuyants, la Fausseté, la Tromperie, le Mensonge, la Bêtise, l'Orgueil, en un mot : Le « MAL » dans sa plus ridicule expression.

Même pas celle du Démon...

Rien que celle de petits êtres grouillants.

De la vermine.

Des nuisibles.

L'environnement

Fin novembre 2012, une connaissance de 20 ans que je prenais pour un ami, David FUSINATO, me propose des affaires immobilières à des prix attractifs, des opportunités à saisir !

Basé sur La Ciotat (13), il a en charge leur commercialisation auprès de clients disposant de liquidités et qui doivent avoir la principale qualité, que je n'apprendrai que trop tard à mes dépens, d'être peu regardants.

Il est aussi préférable qu'ils soient « basés » hors du Var, bien entendu, puisque lesdits biens se trouvent dans ce département, comme les membres de la « Bande » qui les lui procure. Ils ont, selon toute apparence, les besoins d'externaliser leurs « transactions ».

En échange, et à titre de partenariat, FUSINATO leur fournit, de son côté, des hommes de mains, des méthodes musclées, un « relationnel » auprès de la « Française-Maconnerie » locale, et surtout, une notaire, de Marseille, aussi peu regardante qu'affranchie aux malhonnêtes besognes, en la personne de Pascale BRANCHE, complice au sens « simple » tout d'abord, mais d'une manière aggravée par la suite avec ce qu'il m'est arrivé, et dont elle en avait la pleine connaissance.

Je ne connaissais pas cette notaire, en ayant déjà un autre attitré, intègre et hautement compétent.

FUSINATO me propose tout d'abord trois biens :

un petit domaine à CUERS, une maison à SIGNES, et une villa à Six-Fours. Cette dernière n'est que la villa personnelle de

Jean-Claude MAS, le salement fameux patron de la société « P.I.P. », fabricant des prothèses mammaires tristement célèbres.

En aparté à ce sujet, me connaissant quelques liens à l'international, FUSINATO me demande de lui « prêter assistance » pour « commercialiser » 50.000 implants mammaires qui lui ont été confiés par la « Bande », des « produits » détournés « avant » le constat de liquidation judiciaire, et la saisie par les gendarmes du cru...

Un « phénomène banal » de soustraction dans ce système procédural lié aux Tribunaux de Commerce, notamment dans ce sud de la France...

J'ai calmement rejeté cette « manne » providentielle, la gardant en tête pour la révéler au moment opportun aux médias, afin que les autorités soient contraintes de les rechercher.

Connaissant déjà la piètre mentalité des journalistes français qui ne s'intéressent qu'aux actualités choisies et du moment, faisant fi des dénonciations au nom de la Justice, je me devais d'attendre l'approche du procès en question.

Quant au FUSINATO, il avouait avoir cependant un « passage » vers un pays encore moins regardant que la France (cela existe...), comme le Maroc. En effet, lors d'opérations chirurgicales, comment les patientes pourraient-elles vérifier ce qui leur est implanté ? Comme après d'ailleurs, tant qu'elles ne subissent pas de complications...

Pour en revenir au sujet principal, je visite cette villa, mais aussi, le bien de CUERS, et celui de SIGNES.

Vu les prix annoncés, j'avalise les trois acquisitions.

A titre anecdotique, lors de ce déplacement, j'avais rencontré très brièvement Jean-Claude MAS, mais aussi, sa femme, sa fille, sa mère, et son fils qui me présenta les lieux.

C'est ce jour que j'ai rencontré le fournisseur de ces « providentielles » affaires, Georges CALLEN, surnommé par FUSINATO, l'« Avocat », et qui m'avait été présenté uniquement sous son prénom. Je n'ai appris son nom que bien après, et par d'autres sources. Comme j'ai appris bien plus tard, que ce

Georges CALLEN n'était pas avocat, et ne l'avait jamais été, mais qu'il avait été un promoteur, véreux de surcroît, de la région toulonnaise. Il était ce jour-là, accompagné de son homme de main, un autre cité par son seul prénom, Daniel. J'ai appris plus tard son nom de famille.

Les montants des acquisitions étaient de 320.000 € pour celle de CUERS, 150.000 pour celle de SIGNES, et 750.000 pour la fameuse villa de MAS. Mais, il était requis une participation financière supplémentaire sous la forme d'une commission occulte de, respectivement, 80.000, 20.000 et 100.000 €.

Il était donc prévu de signer les compromis chez la notaire attitrée de FUSINATO, et dernière venue de la bande toulonnaise d'escrocs, Pascale BRANCHE, spécifiquement briefée en la circonstance pour traiter ce genre de malversations.

Pour ma part, ce n'était et ce ne devait être que de banales affaires immobilières, dont la provenance était claire.

Les trois compromis devaient se signer lors d'un seul déplacement à l'étude de la notaire marseillaise.

Mais, les modalités changèrent...

Celui de Six-Fours -de J-C MAS-, était sans cesse repoussé, en l'attente d'un accord devant s'opérer aux termes de négociations occultes avec les autres comparses, le financier arrangeur luxembourgeois, un certain FRANZEN, et l'entremise directrice du sieur Yves HADDAD...

Celui de SIGNES fut annulé au dernier moment, alors qu'il devait être contracté le jour même de la signature de celui de CUERS.

Et ce dernier fut certes ratifié, mais d'une manière particulière.

Je n'avais jamais rencontré les vendeurs de ce bien, FUSINATO faisant directement le lien entre eux, et sa notaire.

L'information, que je n'ai jamais pu vérifier, propagée par ce « drôle » d'intermédiaire, était que le vendeur, Michel PALMIERI, avait un cancer d'une phase si avancée que ses jours étaient comptés. Un prétexte utile pour ne pas le déranger, mais aussi pour ne pas le faire déplacer à l'étude de la notaire, écartant ainsi la possibilité que je ne le rencontre, au titre d'un parfait alibi.

Et cela a parfaitement fonctionné. Je n'y ai vu que du feu !

Et même par la suite, je n'ai jamais rencontré ni le mari, ni sa femme...

Ainsi, le 12 décembre 2012, FUSINATO a emmené Pascale BRANCHE à La Garde (Var), au domicile des vendeurs, Michel et Michèle PALMIERI, afin de les faire signer ce fameux compromis.

Le lendemain, je faisais de même pour ma part, paraphant ledit contrat en l'étude de cette notaire si disponible.

J'étais resté cependant circonspect quant à sa façon de procéder puisqu'elle avait modifié devant moi, certains termes dudit document officiel déjà signé par l'autre partie...

Un blasphème juridique !

J'ai appris ultérieurement que Pascale BRANCHE avait rédigé ce compromis d'une manière fantaisiste, n'ayant alors en sa possession aucun document tel que le primordial titre de propriété... Cette notaire avait simplement utilisé les termes d'un ancien compromis contracté avec des acquéreurs potentiels antérieurs, rédigé alors par un autre officier ministériel...

Une hérésie procédurale !

Concomitamment, je versais à cette notaire, la somme de 500 euros à titre d'avance sur les frais qu'elle allait engendrer, et surtout, la somme de 16.000 euros à titre de dépôt de garantie.

J'ai eu beaucoup de mal à obtenir de sa part des reçus comptables, et ce, plusieurs mois après, et suite à de multiples relances.

Je ne revis plus jamais ces sommes, ni en ai entendu parler !

J'y reviendrai à la fin de ce livre, pour évoquer et démontrer la complicité des responsables de la « DACS », département du « Ministère de la Justice » en charge des officiers ministériels, et du recadrage de leurs frasques...

Ces sommes ont d'abord servi à mon encontre de moyens de pression et d'outils de chantage, d'un côté, de la part des CALLEN, Georges et Romain, et indirectement de FUSINATO, et d'un autre côté, de la part du notariat local, ou plus particulièrement de Jean-Fabrice ANSELMO, alors Président de la Chambre Départementale des Notaires des Bouches-du-Rhône (Marseille).

Puis, voyant que je n'obtempérais pas à leurs « propositions », ces sommes m'ont été tout simplement dérobées, détournées par cette notaire, couverte par la Chambre Départementale des Bouches-du-Rhône, et sa « Bande » mafieuse!

Voilà ! J'ai été puni !

Je n'avais qu'à me taire sur leurs crapuleries.

Et quand je parle d'« eux », je parle exclusivement de la notaire Pascale BRANCHE et du Président de la Chambre Départementale, Jean-Fabrice ANSELMO, car cette « disparition » délibérée et dirigée n'est pas le fruit d'actions de la bande d'escrocs toulonnais et ciotadens, mais bel et bien de celui de ces officiers ministériels. Ce qui atteste irréfutablement l'existence de leur chantage précédent à mon encontre...

Ultérieurement, ces mêmes affreux s'en sont pris à mon notaire, en représailles de s'être montré d'une intégrité exemplaire, pour m'avoir aidé dans cette scabreuse affaire...

Pour en revenir à la transaction de SIGNES, Georges CALLEN s'était déplacé en catimini de Toulon, pour rencontrer la compréhensive notaire marseillaise afin de lui délivrer les consignes, nouvelles, à savoir, préparer tous les documents dans le but de signer une vente directe, sans la présence au préalable d'un compromis.

J'ai compris par la suite le pourquoi de cette drôle de manière, conférant même une irrégularité, ou du moins une incapacité juridique de mener à bien la réalisation de l'acte authentique, puisque, pour obtenir certains éléments obligatoires comme la non préemption par l'autorité concernée, il est nécessaire d'établir une Déclaration d'Intention d'Aliéner (D.I.A.), qui doit faire état de l'identité de l'acquéreur.

Je reviendrai sur ce point.

Et l'affaire de Six-Fours, elle, restait en suspens au regard des négociations qui la liait aux deux bâtiments industriels de l'aussi salement célèbre société « P.I.P. ».

FRANZEN et HADDAD accordaient les modalités d'évasions de fonds pour que la société, tout autant que la famille MAS, soient insolvables, du moins, face à la Justice Française...

L'affaire de SIGNES, le facteur déclencheur

Courant janvier 2013, mes interrogations se concrétisent autant qu'elles se légitiment en noircissant le tableau de ces « affaires », qui ne sont, en réalité, que des escroqueries grimées en belles opportunités.

Des arnaques qui ne sont pas particulièrement à l'encontre des acquéreurs, cas rare, puisqu'ils sont bénéficiaires de juteuses opérations, étant de bons « clients » à préserver et à choyer par la « Bande », et qui, de leur côté, ne seront jamais trop bavards ou curieux de peur de tuer la poule aux œufs d'or.

Elles sont plutôt ciblées envers les personnes contraintes à être « venderesses ».

Ces affaires, hormis celle de Six-Fours, comme toutes les autres que la « Bande » « récupère » par des informations privilégiées depuis le Tribunal de Commerce de Toulon, avec l'aide et la complicité de juges, de greffiers, de mandataires liquidateurs, d'huissiers, d'avocats, toutes ne sont que des spoliations de personnes en détresse, en état de faiblesse.

J'ai réalisé que ces escroqueries étaient basées sur de vrais faux documents et de vraies fausses attestations de personnes officielles, grâce à des jugements de complaisance, et des huissiers assez véreux pour les appliquer.

Du côté des acquéreurs, en sus de la qualité morale totalement abjecte, nécessaire pour participer à ces entreprises crapuleuses qui ne s'attaquent qu'à des faibles, et pour cause, les « forts » peuvent se défendre, il relève que ces futurs propriétaires sont les seuls juridiquement identifiables nommément de ces escroqueries portant le sceau de l'officiel, et les seuls qui seront coupables et responsables au cas où...

Les membres de la « Bande » seront épargnés de toute poursuite par la simple absence de trace de leur participation, leurs émoluments étant réglés en espèces sonnantes et trébuchantes.

Et leurs amis acteurs du système judiciaire local n'iront pas les importuner...

Quant à leurs éventuelles présences administratives, ils en sont exemptés puisque, en ce qui concerne mes trois affaires, la notaire les a soigneusement « ignorés », sauf au cas où les commissions devaient être oubliées d'être versées...

La visite fut fin novembre 2012, en la même période que les autres, cependant, cette maison de SIGNES est un cas à part des deux autres.

Elle est habitée par la propriétaire, une dame âgée, handicapée et gravement malade. Elle ne fait qu'acquiescer aux propos de FUSINATO. Elle est sous le coup d'une saisie, menée agressivement et frauduleusement par l'huissier Bernard BABAU, qui, sans lui fournir trop d'indications sur la légitimité de la dette au titre de laquelle une somme de 60.000 euros lui est réclamée, la harcèle.

Elle ajoute que cela ne la dérange pas de partir, puisque son handicap lui ferait préférer une maison plus petite et surtout de plain-pied.

La réalité est toute autre...

Je trouve étrange cette affaire, et je n'apprécie pas trop la situation de contrainte exercée par cette espèce d'huissier, qui a certes l'attitude vindicative quelconque que ces courageux officiers ministériels français entreprennent toujours envers les faibles.

La notion de faiblesse n'est pas circonscrite à l'aspect physique, mais aussi à l'aspect psychologique, et surtout à la méconnaissance du Droit, ou plutôt même à l'ignorance des victimes de leurs droits, et des obligations de ces représentants de l'état.

Il est d'ailleurs étonnant que la loi ne prévoit pas l'assistance d'un avocat en ces circonstances, comme en celles d'un tribunal, afin que les personnes concernées puissent savoir de quoi il retourne précisément. Cela éviterait que ces officiers ministériels soient libres d'exprimer leur propre interprétation de la loi, toujours à leur avantage, tout en omettant ce qui les gêne.

Les « débordements » procéduraux sont pléthores dans cette fonction, avec de faux témoignages, des espèces de témoins de connivence, de faux documents, de fausses attestations, de fausses déclarations, des collusions avec le client requérant, des constats de complaisance, des interversions d'identité d'huissiers d'une même étude, etc.

J'ai les preuves de ce que j'affirme par d'autres affaires que j'ai de première main, et au sujet desquelles j'ai déposé de nombreuses plaintes pénales, qui sont restées lettres mortes auprès du procureur local, malgré les preuves accablantes... Ce qui démontre leur assurance d'impunité par les autorités elles-même, par un réseau généralisé de corruption.

Bref, ces officiers ministériels profitent toujours de la situation, menant même des actions illégales, étant certains de ne rencontrer ni opposition, ni plainte de la part de ces personnes déjà en proie à des soucis matériels et financiers, et se sentant esseulées.

Il savent qu'au pire des cas, ils étoufferont les affaires de ceux qui se manifestent, et ce, par un simple remboursement, et qu'au mieux, ils bénéficieront toujours de la protection des magistrats en charge des requêtes, qui écarteront d'un revers de manche et de mépris toute dénonciation du manant qui oserait se rebeller contre un représentant de l'état... De rares cas en somme, face à tous les autres couronnés de succès, toujours gagnants sur les ignorants.

Bref, pour en avoir le cœur net, bafouant mes principes de respect de la hiérarchie des intermédiaires, je vais à la rencontre de la venderesse, en tête-à-tête, prétextant une visite de la maison pour évaluer les travaux à prévoir, ce qui était aussi vrai.

Dans la confidence de la mise en confiance, ses propos sont tout autre qu'auparavant. Elle peut parler librement.

Elle pensait finir ses jours dans cette maison, et avant l'intrusion musclée de la « Bande » et de l'huissier « crapule », elle avait même prévu d'acheter un monte-escalier électrique...

J'apprends qu'elle a déjà été escroquée par le prédécesseur de BABAU en cette sale besogne, qui l'avait spoliée d'un bâtiment, dont elle n'a reçu aucun compte-rendu de la saisie et de la vente.

J'apprends aussi et surtout que cette espèce d'huissier tout aussi crapule que son successeur, avait eu maille à partir, si l'on peut le dire ainsi, avec la justice puisque ses nauséabondes habitudes frauduleuses et crapuleuses envers les pauvres gens lui avaient valu, non pas des poursuites judiciaires, elles ont été étouffées, mais, l'obligation de migrer vers d'autres cieux, pas si loin, ceux des Bouches-du-Rhône. Leurs (étude de plusieurs huissiers) autres victimes avaient été indemnisées par la Chambre Départementale des Huissiers du Var, ou plutôt les seules victimes qui avaient porté plainte et qui avaient été au courant de ce recours pour se manifester...

Car, combien sont restées dans l'ignorance ?

Il est certain que la Chambre Départementale des Huissiers du Var n'a pas crié sur les toits ces arrangements à l'amiable, comme elle n'a, encore moins, fait une inspection totale de tous les dossiers de ces huissiers véreux et crapuleux pour vérifier la régularité procédurale de toutes leurs actions antérieures, et ainsi, se donner les moyens de dénicher et de dédommager les victimes qui n'auraient pas été informées de la délicate situation. Il n'y a pas de petites « économies »...

Pour l'anecdote, quand j'ai appris cela, et que j'ai commencé à enquêter, j'ai appelé la Chambre Départementale des Huissiers à Toulon pour avoir des renseignements. Personne n'était au courant de cette sombre affaire, la secrétaire standardiste proclamant même que tout cela n'était que divagation puisqu'elle en saurait quelque chose si tel avait été le cas...

Sans victime officielle, l'affaire fut étouffée.

Facile, efficace, et surtout rentable !

En effet, pas d'écho médiatique, donc aucune autre victime ne pouvait être informée de ces sales et illégales pratiques, ce qui réduit le nombre de plaintes et de recours à indemniser.

Très bon calcul.

Et le parquet de Toulon est complice. Il y a tant a profiter.

Bien entendu, les magistrats du cru ont nécessairement obtenu des compensations. Échanges de bons procédés.

Comme en chimie, rien ne se perd, tout se transforme !

Quant aux huissiers en question, ils n'ont pas été radiés, ils ont tout simplement pris la suite d'une autre étude, étant contraints de quitter la petite chic cité balnéaire de Bandol (Var) pour une ville du département voisin.

La « Bande » toulonnaise avait donc besoin de l'aide d'un autre huissier tout aussi crapule, et ils l'ont trouvé en la personne de Bernard BABAU.

J'ai eu des témoignages d'autres victimes des actes abusifs, frauduleux et illégaux de la part de cet officier ministériel, qui profite de son statut et de se relations au sein du village qu'est Toulon.

Lors d'un second rendez-vous avec la « venderesse » de la maison de SIGNES, et comme je subodorais de plus en plus de viles étrangetés dans ces « bonnes » affaires immobilières, et que le problème du départ des lieux de cette dame avant la signature de l'acte persistait, je découvrais de nouvelles sales surprises.

Elle pensait signer d'abord un compromis, procédure normale, lui laissant environ 3 mois pour se reloger. Mais, la « Bande » de crapules-truands « CALLEN-FUSINATO-BRANCHE » avait orchestré une vente directe...

Et j'ai compris le pourquoi d'une telle procédure, illégale de surcroît, nécessitant de faux documents et de fausses attestations.

La dame n'en connaissait pas exactement le prix de vente !

Georges CALLEN, lors de sa visite, l'avait envoyé paître lorsqu'elle avait osé le lui demander !

En réalité, j'allais acheter la moitié du prix qu'elle pensait vendre !

Et pour faire passer la « pilule », il fallait lui faire signer l'acte authentique dans la foulée, sans qu'elle ne puisse ni réfléchir, ni se retourner en voyant le prix de vente hors de rapport avec la réalité. En effet, si présence d'un compromis était, elle aurait pu refuser de signer par la suite, l'acte authentique.

C'était bien une escroquerie de la part de Georges CALLEN et de David FUSINATO, mais aussi de la part de la notaire Pascale BRANCHE, sans qui, aucune arnaque ne pouvait prendre forme et se réaliser parfaitement.

Par ailleurs, j'étais cependant sous le coup d'un chantage au regard des 16.000 € que j'avais déjà versés à la notaire Pascale BRANCHE, au titre de l'autre affaire en cours, sous compromis, celle de PALMIERI à CUERS.

Face à tout cela, et malgré les risques encourus d'un tel choix, j'ai tout stoppé, et j'ai déposé une plainte pénale auprès du Procureur de la République du Tribunal de Grande Instance de Marseille, Jacques DALLEST, et surtout auprès du Président de la Chambre Départementale des Notaires, Jean-Fabrice ANSELMO.

Aucun des deux n'a répondu !

Bien au contraire, cela a déclenché contre moi les foudres de ces autorités, et spécialement du notariat local !

Par là même, je découvrais aussi l'ampleur du réseau de corruption du système judiciaire français, qui offrait une totale protection juridique au regard des fraudes et des crapuleries entreprises par cette organisation mafieuse, portées par les CALLEN, père et fils, et FUSINATO, mais aussi par la complicité du notariat à l'échelon national.

Je découvrais aussi la connexion collusive et corruptive entre le parquet de Toulon et celui de Marseille, qui se confirma par la « suite » judiciaire donnée à mon agression, tout comme par celle de l'affaire « P.I.P. » qui révéla la corruption du procureur de Marseille, Jacques DALLEST...

Il est intéressant de noter que j'ai alerté le Ministère de la Justice dont dépend le Notariat, sous le couvert de la Direction des Affaires Civiles et du Sceau (DACS). Et ni le service concerné, ni la Garde des Sceaux en ce temps, Christiane

TAUBIRA, n'a répondu... Cette dernière était trop occupée à plein temps, à se gargariser d'un vote d'une loi qui ne la concernait pas, le mariage d'homosexuels ; je parle de son mandat de ministre de la Justice, et non pas de ses goûts personnels... Bref, elle a volé son salaire pendant ce temps où elle ne faisait pas ce pour quoi elle avait été engagée et grassement payée...

Certes, une médiocre attitude d'une médiocre personne, qui n'a rien de bien étonnant quand on inspecte le trajet tortueux de sa famille et de sa « carrière », l'origine de son importante fortune personnelle et de son statut social, des réalités qui ne l'ont pas gênée pour se revendiquer socialiste, le meilleur alibi pour détourner des fonds publics et/ou « jouer des coudes » corruptifs (références aux autres socialistes, et gauchos, syndicalistes inclus)...

Rien de bien étonnant non plus d'observer un déplacé orgueil quant à ses origines tribales...

Comme ce livre témoignage a pour objet d'être destiné aussi et surtout aux lecteurs étrangers, et donc, qui ne connaissent pas, ou très peu les personnages politiques français, il m'est nécessaire de préciser que Christiane TAUBIRA n'est pas blanche, loin de là, et qu'elle est issue de la Guyane « Française », un territoire sud-américain qui est appelé d'une manière politiquement correct, Département d'Outre-Mer (D.O.M), et même « Région » (R.O.M.).

Il est intéressant aussi de préciser que cette dame a profité de son poste de ministre pour radier une loi qui gênait les magistrats dans l'exercice de leurs quatre volontés en les cours de justice.

Un texte législatif qui constituait en l'existence d'un jury en les tribunaux, et qui se présentait alors comme un joug pour ces représentants de la « Justice », haï au plus haut point. En effet, de telles dispositions coercitives sont une manifeste entrave à leur monopole qui leur garantit une application concrète de leur corruption, puisque de tels décisionnaires indépendants, quidam de surcroît, sont pour la plupart, en proie à la naïveté dérangeante de vouloir rendre un verdict juste, équitable, honnête et moral. Et donc, ces juges ont beaucoup de mal à exercer leur influence sur des jurés, à priori candides, dans le but de les manipuler pour qu'ils énoncent en définitive ce que ces « professionnels » veulent comme décision de « justice ». Une contrainte qui leur donnait une charge supplémentaire, mais aussi des explications à définir, et des justifications légitimes et légales à trouver.

Un cadeau à la magistrature française ! L'offrande idéale aux salauds.

Mais, un cadeau n'est jamais gratuit...

Que cela soit comme remerciement pour quelque chose d'obtenu, ou en provision d'une future dette... Pour elle, ou ses enfants, dont certains ne sont pas inconnus des autorités...

Échanges de bons procédés...

Par ailleurs, selon des sources journalistiques, et au titre d'une décision de justice « impartiale » *(sic)*, cette TAUBIRA serait une insulte pour les guenons...

Pour en revenir et en finir sur le point de la mémé spoliée, elle m'avait avoué qu'elle avait alors un avocat lors de son précédent problème juridique avec l'huissier « muté », et que celui-ci avait « oublié » de faire appel de la décision « providentielle » à son encontre.

Cette déconvenue dont elle n'était pas responsable, lui a coûté, à elle et non à son espèce d'avocat, la perte de l'immeuble saisi par le précédent huissier véreux. Cet avocat était Bruno RAVAZ, qui, selon certaines sources, n'exerce plus comme tel, mais qui est maître de conférence en droit à l'Université publique Toulon Sud-Var, et donc fonctionnaire ! Il est aussi l'ex-époux de Christine RAVAZ, avocate, qui avait alors repris les dossiers de son ex, et avait proposé à cette dame spoliée d'exercer un recours contre le premier huissier véreux, mais lasse et n'y comprenant rien, elle a laissé tomber. Et comme Christine RAVAZ n'a pas insisté non plus...

L'attitude « particulière » de cette avocate m'a été révélée ultérieurement, notamment en ce qui concerne le procès « P.I.P. », où elle y était présente, comme par hasard....

Toulon reste un village...

Je m'étais entretenu avec elle, lui révélant beaucoup de choses sensibles sur cette sale affaire. Sa réponse ? Elle usa de la facile omerta des lâches, et ne voulut rien entendre !

Et pour la petite histoire, la dette supposée de la mémé suite à un jugement qui lui était étrangement défavorable, provient d'un recours en justice qu'elle avait initié du fait que le locataire de son immeuble commercial à qui elle avait vendu le fond de commerce, ne s'était jamais acquitté de sa dette.

Elle a perdu au tribunal !

Extraordinaire, non ?

La magie du système judiciaire français, des Tribunaux de Commerce aux Tribunaux civils, du Sud de la France, de Toulon !

L'affaire de CUERS, le point d'orgue

Le 29 mars 2013, en tant qu'avocat des vendeurs que je n'ai jamais rencontrés, Romain CALLEN, fils du Georges, dont je ne connaissais pas l'existence, se dévoile en m'envoyant un courrier recommandé faisant état d'une mise en demeure de signer l'acquisition dans les quinze jours, aux termes de la promesse de vente.

Vous avez bien lu !

Cette espèce d'avocat transfigure le compromis en promesse de vente.

Pour les profanes en la matière juridique du droit immobilier, la différence est aussi fondamentale qu'elle est importante, tant sur leur teneur que sur leur devenir.

Une promesse de vente n'est qu'un contrat mutuel, sur un futur accord, et qui est extinctif à une date mentionnée, laissant en l'état chacune des parties si la chose n'était pas réalisée. Point n'est besoin d'un recours à un arrangement commun, ou d'une décision de justice pour constater et déclarer sa caducité ou sa nullité.

Un compromis, en revanche, est beaucoup plus contractuel, et contraignant puisqu'il vaut « vente ». Pour le dénoncer, il est nécessaire d'obtenir l'accord des deux parties, ou dans le cas contraire, de recourir à un juge, pour libérer l'une des parties de l'autre. Il y est aussi fait mention de la notion de préjudice, et du montant éventuel pré-convenu, au titre de sa réparation, ce qui est vulgairement appelé « caution » ou « dépôt de garantie ».

Celui-ci ne peut être libéré que par accord des parties ou par une décision de justice.

Donc, le Romain CALLEN se manifeste au nom des vendeurs, sans échange, au préalable, avec les principaux intéressés que sont les officiers ministériels qui ont l'entière responsabilité de la rédaction de l'acte authentique, mais aussi de la garantie de l'aspect régulier des termes et des documents de la transaction.

Or, nous n'étions pas en mesure de signer au regard des nombreuses zones d'ombres administratives, juridiques et judiciaires qui persistaient, exprimées par mon notaire à sa consœur, et par mes questions de plus en plus indiscrètes au sujet des sales intermédiaires, spécialement à la Chambre Départementale des Notaires.

A cela, il ressortait les « manquements » procéduraux comme la présence nouvelle d'un faux. J'y reviendrai.

Ainsi, cette espèce d'avocat de bazar se permettait de bafouer les règles élémentaires de déontologie et de procédures des officiers ministériels que sont les notaires. Cela prouve bien qu'il était déjà en relation avec Pascale BRANCHE, et la suite de « la chose » a confirmé cette collusion et leurs autres connivences.

Deux jours précédents l'envoi de cette missive, le 27 mars 2013, j'étais agressé chez moi, à Saint Cyr-sur-Mer, dans le VAR, saucissonné, séquestré, et volé de biens ciblés qui déterminent sans conteste, que le caractère de cette exaction n'est pas crapuleux à cette simple expression.

J'ai aussi et surtout été menacé de mort, en proie à une extorsion de fonds de 50.000 euros sous forme de chantage...

Une semaine auparavant, mon notaire demandait à sa consœur, Pascale BRANCHE, des précisions sur cette surprenante, et rapidement obtenue, ordonnance du juge des tutelles, qui constituait une des « drôles » de surprises administratives en ce qui concerne l'origine de propriété et l'identité réelle des vendeurs. Cette ordonnance du juge des tutelles lui avait été fournie par le Romain CALLEN, qui l'avait obtenue, si elle n'était pas fausse, auprès d'un magistrat particulièrement bien « compréhensif ».

Quand on connaît la rapidité quasi nulle du tribunal de Toulon, la question sur son authentique intégrité se pose.

Bref, Pascale BRANCHE n'a répondu aux interrogations de mon notaire que deux semaines plus tard, le 2 avril, soit cinq jours après mon agression, et trois jours après la mise en demeure de cet avocat. Et ses propos tentaient de faire croire que tout était parfait pour signer, me mettant en, soi-disant, défaut, ce, afin de pouvoir récupérer la disponibilité du bien pour la vente à un autre acquéreur moins regardant. Sa fallacieuse et frauduleuse manigance lui permettait surtout d'effacer toute trace problématique de l'ordre du juridique et du judiciaire, tout en réduisant à néant toute poursuite d'investigations. Avec, cerise sur le gâteau, le détournement sous le sceau officiel, de mes 16.000 euros du dépôt de garantie, en sus de mes 500 euros d'avance sur ses frais.

Mais, il y a un lourd passif à cette histoire criminelle.

Déjà, le 12 février 2013, j'avais reçu la visite de deux sbires à mon domicile de Saint-Cyr/Mer.

Le lendemain, je me faisais menacer par Romain LEDUC, « collaborateur » de David FUSINATO.

Ce même jour du 13 février, une fausse attestation de substitution, si médiocrement rédigée qu'elle en serait irrecevable même si j'en avais été l'auteur, faite en mon nom au profit d'un « drôle » de Daniel PINA, a été expédiée depuis la poste de Saint-Cyr/Mer, par courrier recommandé avec accusé de réception (n°1A08067797963), toujours en mon nom en tant qu'expéditeur, et adressée à Pascale BRANCHE.

Tout ce « préambule » s'est passé 5 jours après que mon notaire ait fait acte de sa présence dans ce dossier, auprès de Pascale BRANCHE, pour être mon représentant.

Cela exprime sans conteste que cette affaire était une escroquerie dès le départ, et que Pascale BRANCHE y est une principale et indispensable complice, active et affranchie, et qu'ils, la « Bande » toulonnaise mafieuse tout autant que cette notaire, ne voulaient surtout pas qu'un autre officier ministériel, honnête et compétent, ne puisse mettre son nez dedans, et en soulève des points dérangeants...

Et pour finir, un mot sur les vendeurs.

Face à mes découvertes soulevant inquiétudes et questions, après avoir trouvé leur numéro de téléphone dans l'annuaire, j'ai téléphoné aux PALMIERI, pour leur expliquer la particulière situation, mais aussi pour les aider à se sortir des griffes des salauds.

J'ai commis une dangereuse méprise.

Ils n'étaient pas des victimes, mais bien des collaborateurs, des complices de la « Bande ». Et Georges CALLEN était leur ami...

J'ai alors compris que l'escroquerie était envers moi, après un rendez-vous prévu chez eux, auquel j'ai eu le bon pressentiment de ne pas aller...

L'Hacienda de Jean-Claude MAS

J'avais découvert que deux des trois « affaires » étaient des escroqueries, de différents types certes, mais je pensais que celle de Jean-Claude MAS, en dehors de la sale qualité de l'individu, était « classique ».

La visite de la maison fut faite par son fils, tout le reste de la famille, femme, fille et grand-mère, étant réfugié dans une des chambres.

C'est une maison perchée sur les hauteurs du bord de mer de Six-Fours, dans le quartier du « Brusc », qui profite d'une vue dominante sur la baie de Sanary.

Ce nid d'aigle a la particularité d'être assez péniblement atteignable, doté d'une unique voie d'accès, raide, qui permet aux occupants de voir ceux qui voudraient y accéder.

La maison est munie d'un système de vidéosurveillance de la dernière génération des années 80-90, relié à un tableau de plusieurs moniteurs en noir et blanc, situé dans la cuisine.

Cet équipement ne provient pas des lubies, des craintes ou de la paranoïa de Jean-Claude MAS, il avait été installé par le précédent propriétaire qui n'était autre alors que le parrain de la mafia locale.

Comme quoi...

Mais, en l'occurrence et avec ce qu'il lui arrivait, ce système lui était devenu fort utile, et nécessaire.

Le mas (*sic*) quant à lui, avait supporté cette appellation de « Hacienda » pour son style hispanique peu commun dans la région. La maison d'apparence grande s'étire sur un salon en forme de haricot, suivi d'un côté, d'une enfilade de chambres dont toutes les fenêtres offrent une vue sur la mer, et bordé de l'autre, par une espèce de salon cosy séparé par une cheminée, où, lors de ma visite, Jean-Claude MAS y était reclus dans la pénombre.

Le sous-sol, qui donne de plain-pied sur la petite piscine, est aménagé en appartement privé, dont le fils avouait le louer en tant que chambre d'hôte par l'intermédiaire d'un site internet, ce, afin de pouvoir récolter quelques deniers utiles pour subvenir aux besoins matériels de leur famille, ruinée et en proie aux problèmes de ne plus pouvoir avoir de revenu...

Je me posais la question de savoir quelle réaction auraient eu leurs clients en découvrant la réelle identité de leur hôte.

Quant aux pleurnicheries « roumaniales » sur leur situation, j'avais appris par FUSINATO, que ladite famille ruinée possédait un complexe hôtelier au Mexique... L'hôtellerie étant le dada du fils.

Voilà pour le décor.

J'ai appris bien plus tard, et par d'autres sources, que l'origine de propriété, même si elle était déjà particulière pour mentionner l'identité d'un parrain local puis celle de la famille MAS, supportait aussi d'étranges zones d'ombres, telle qu'une cession antérieure qui aurait été faite et signée par un mort...

Cette information m'a rappelé la « drôle » d'histoire de la propriété de CUERS, pour laquelle j'avais signé un compromis, versé de l'argent à la notaire à titre de dépôt de garantie et même à titre d'avance sur ses frais, et dont je n'avais jamais rencontré les vendeurs fantômes, au point que je m'étais déjà alors posé la question d'une probable entourloupe par le truchement de possibles usurpations d'identité...

La notaire, avec ce qu'elle faisait et fait d'illégal, et aussi ce qu'elle ne faisait pas et ne fait pas de légal au regard de ses obligations, il est certain que le contrôle de l'identité des vendeurs n'aurait pas été de sa préoccupation.

Derniers points, et pas des moindres.

La propriété était celle de la femme de Jean-Claude MAS, ce dernier étant ainsi insolvable, grâce aux manipulations comptables des affreux de service, à savoir les CALLEN, HADDAD et FRANZEN, qui étaient aussi en charge de l'évanouissement patrimonial des bâtiments de la société « P.I.P. », et qui devaient servir au paiement partiel des préjudices causés aux victimes.

CALLEN, HADDAD et FRANZEN se chargeaient de les faire disparaître des registres officiels en offrant un constat antérieur par un tour de passe-passe juridique à posteriori...

Et ce, pour le grand bonheur de nous autres citoyens, puisque les dommages causés aux nombreuses victimes, françaises et étrangères (!), seront supportés entièrement par l'état français..., et donc Nous !

A ce sujet, il est toujours exprimé d'une manière outragée par certains abrutis, les évasions financières de certains entrepreneurs qui ne font que protéger le fruit de leur travail d'une politique abusive et inique en matière fiscale, mais aucun d'eux ne pointe du doigt cette arnaque, morale et financière, de rendre insolvable un criminel afin, d'une part, qu'il conserve ses mal acquis et son aisance financière, et d'autre part, que nous autres, citoyens, soyons obligés de payer de notre poche une condamnation dont nous ne sommes pas responsables, et pire, dont, bien au contraire, nous nous réjouissons quant à la résolution d'un acte criminel qu'on dénonce.

Et si ce fait de soustraire de telles sommes n'est pas une évasion fiscale, du moins financière des recettes de l'état français, qu'est-ce ???

Et les procureurs, les juges, les gendarmes, les policiers, les inspecteurs des impôts ne font rien...

La « qualité » des protagonistes

David FUSINATO n'est pas blanc comme neige.
Bien au contraire.

L'escroquerie, l'extorsion, l'intimidation et le chantage émanent d'une bande criminelle organisée, formée principalement et à sa tête, de personnes nichées au sein de la nomenklatura de Toulon.

Si l'on peut utiliser ce mot inapproprié en ce qui le concerne, l'un des « cerveaux » de la « Bande » est Georges CALLEN, déjà bien connu, -je ne l'apprendrais que bien trop tard-, des « autorités » pour son passé très trouble, notamment en matière d'immobilier et de politique...

Il a comme complice, au moins l'un de ses deux fils avocats, Romain, inscrit au barreau de Toulon.

L'autre, Thomas, exerçait à celui de Marseille en toute discrétion dans le cabinet de Me GRIMALDI.

Bref, le père avait ainsi un pied à Toulon et à Marseille...

Cette organisation criminelle a pour but, entre autres escroqueries et crapuleries, de « commercialiser » des biens immobiliers en état futur de saisie, mis en suspens par les grâces et les primeurs de certains membres influents du Tribunal de Commerce de Toulon.

Une pratique courante dans les Tribunaux de Commerce de France...

L'entreprise, bien rodée, est complétée par des partenaires de choix, dont la participation est essentielle au bon déroulement pseudo légal, en les personnes d'huissiers tout aussi véreux.

Ces derniers font leur part de sales besognes en une intimidation, officielle celle-ci, dont le mandat d'officier ministériel omnipotent leur garantit une efficacité, accrue par le fait qu'elle est difficilement opposable auprès de tout un système judiciaire local déjà acquis à leur cause. Tout un florilège d'entraves procédurales, plus ou moins légales, est utilisé contre les démarches juridiques et judiciaires de ceux qui oseraient être récalcitrants à leurs ordres de soumission.

Le terrain ainsi préparé, la « Bande » se présente aux pauvres gens en détresse, comme leurs sauveurs, et les seuls aptes à leur fournir une issue de « secours ».

Les « chefs » de cette méprisable organisation se sont adjoints, bien évidemment, l'appui et l'aide d'hommes de main, comme un certain Daniel PINA et un certain Omar, toujours utiles et nécessaires dès lors que les huissiers partenaires n'obtiennent pas une écoute attentive et une coopération des futures victimes...

David FUSINATO, collaborateur de la « Bande » dans les Bouches-du-Rhône, commercialise ces affaires intéressantes de prime abord, mais, qui ne sont que des escroqueries emballées sous des formes de normales transactions, grâce à l'intervention d'un notaire complice, pivot central de la concrétisation et de la « mise en conformité » administrative de ces « cessions » immobilières « suggérées ».

Cette notaire, Pascale BRANCHE, a couvert, et persiste à couvrir les fraudes et les délits de la « Bande », et particulièrement ceux de FUSINATO, tels que des faux, de fausses attestations, des commissions occultes, des dissimulations financières, des trafics de fausses factures, des fausses déclarations fiscales lors de ses ventes personnelles et donc, des fraudes fiscales, des blanchiments d'argent, des cavaleries de trésorerie (chèque d'une autre personne pour payer quelque chose pour soi).

De plus, Pascale BRANCHE n'oublie pas de barder ses propres « manquements » professionnels tels que les arrangements administratifs douteux sur les origines des propriétés, mais aussi et surtout, sa délibérée et soignée absence de vérification de présence de coercition, d'extorsion d'accord, ou d'abus de faiblesse pouvant être entrepris sur les vendeurs. Certes, elle connaît trop bien leurs auteurs, ces toujours mêmes intermédiaires jamais déclarés officiellement, dont elle prend les ordres et les consignes, et les applique à la lettre.

Pour perdurer dans ces crapuleries, Pascale BRANCHE est certaine d'être épaulée par la Chambre Départementale des Notaires des Bouches-du-Rhône, à Marseille, en la personne de son président, Jean-Fabrice ANSELMO, dont son action est l'inaction.

Il n'a strictement rien fait malgré la plainte déposée le 21 février 2013, l'alertant autant sur les délits de sa consœur que sur l'environnement frauduleux qui crée encore et toujours des victimes de spoliations et d'escroqueries.

Pour être juste, « Rien fait » est plutôt faux, puisque ANSELMO a laissé du temps à sa protégée pour qu'elle puisse régler la situation avec moi, ou plutôt, faire régler le problème par son comparse, FUSINATO, et ses autres « protecteurs ». Et ainsi, vint mon agression...

« Rien fait » est aussi faux, par les « nuisances » internes au notariat qu'il a initiées à l'encontre de mon notaire, juste, intègre et honnête, lui. Le seul de cette valeur, dans tout le département, et peut-être même de la région PACA.

« Rien fait » est aussi faux, par l'entreprise menée par ses soins auprès du parquet de Marseille pour réduire à néant ma plainte pénale déposée, afin qu'aucune poursuite judiciaire, ni même aucune instruction ne soit diligentée, malgré les graves délits, et malgré les risques élevés des victimes en cours.

Une impunité totale a donc été accordée par le procureur de Marseille, Jacques DALLEST, au bénéfice de la notaire Pascale BRANCHE, suite aux conseils avisés de Jean-Fabrice ANSELMO ; un sauf-conduit qui prévaut aussi sur les délits commis par toute la bande toulonnaise, et spécialement par

FUSINATO, pourtant chef d'orchestre de ces crapuleries, de ces fraudes, de ces exactions, de ces dissimulations financières, de ces blanchiments...

Et cette grâce passive opérant sur les actes passés, est aussi une protection, c'est-à-dire, qu'elle est en sus, l'assurance de la même impunité pour le futur, ce qui leur insuffle un enthousiasme en leur conférant toute latitude d'agir, et d'agir « fortement »...

David FUSINATO fait parti de cette bande, et est le principal acteur de mon agression, en tant que participant et commanditaire, mais surtout fournisseur de l'adresse où je me trouvais. Lui seul savait.

Il a une longue expérience de plus de deux décennies en matière de crapuleries, que son casier judiciaire ne laisse entrevoir que des bribes, tels qu'incarcérations, vols à l'étalage et par effraction, etc. Des évocations d'escroqueries aussi...

Voleur et cambrioleur à ses heures, pas si perdues puisque cette double activité lui a procuré un patrimoine immobilier qui lui restitue une rente mensuelle locative de 15.000 euros, dont une partie est non déclarée, FUSINATO possède aussi, à titre résidentiel, deux villas à La Ciotat.

L'une est son domicile, et l'autre en devenir, car elle est sous l'astreinte d'un récent viager, pour lequel il a déjà déboursé 500.000 euros de bouquet. La situation est délicate pour le propriétaire cédant, d'autant qu'à cette somme, s'ajoute une rente mensuelle de 5000 euros. Une affaire qui lui a été précisément « conseillée » par l'infirmier s'occupant du vieillard mal en point...

Et pour compléter l'étendue de son patrimoine, il détient l'entière propriété d'un yacht de 15m et de sa place au port de Bandol, sous le couvert d'une société « écran »...

Pour atteindre un tel patrimoine immobilier, il a bénéficié d'aides de notaires peu regardant, dont sa petite dernière et préférée, Pascale BRANCHE, lui permet de tricher sur les ventes de ses biens, fermant les yeux sur ses dessous de tables, mais aussi acceptant ses fausses factures pour réduire les plus-values, ou ses fausses déclarations fiscales lors de ses ventes personnelles domiciliées.

FUSINATO est, par ailleurs, le chef d'une petite bande locale de La Ciotat, dont un de ses partenaires musclés pour résoudre les problèmes, est Romain LEDUC.

FUSINATO se vantait d'avoir fourni à sa bande, il y a environ deux ans, des explosifs qu'ils ont utilisés sur des automates bancaires...

Par ailleurs, j'avais appris que la même bande avait, l'an passé, saucissonné et séquestré une personne de La Cadière (Var), pour lui faire payer un service rendu, à savoir, la récupération de tableaux volés au cours d'un cambriolage à son domicile, dont les auteurs seraient du quartier d'Endoume à Marseille.

Pour ses « petits » cambriolages auxquels il participe personnellement, FUSINATO a comme aide le maçon qu'il emploie par ailleurs sur ses chantiers de rénovation et de construction...

Sa mission dans la bande à CALLEN, est d'apporter des clients peu regardants pour acheter ces biens détournés, avec d'importantes commissions occultes à la clé.

Pour garantir son impunité, FUSINATO se vante d'être directement protégé à son tour, par les membres d'une loge maçonnique locale à laquelle il appartient, et qui font détourner les yeux des autorités de ses agissements crapuleux, en échange d'autres services rendus, et sans doute d'une participation au financement opaque de cette secte aux mœurs sataniques.

Ses membres infiltrés dans les institutions judiciaires n'ont pour but que de décrédibiliser les victimes et d'effacer toute plainte gênante, en détournant leur qualité en celle de « réclamation ».

N'est-ce pas, Anne LEZER ?... C'est la méthode préférée de la Vice Procureur au Tribunal de Grande Instance de Marseille, sous les ordres d'un certain Jacques DALLEST. Nous sommes en 2013, je rappelle. Cette dame, depuis, est passée au tribunal de Toulon...

En sus des affaires immobilières, David FUSINATO a aussi la charge de la commercialisation, bien entendu officieuse, d'autres produits frauduleux, provenant de vols ou de détournements de stocks particuliers, comme ceux de « P.I.P. », déjà évoqués, dont les autorités se moquent totalement de leur existence, Jacques DALLEST et la Gendarmerie du Var en premier.

Trop d'argent en jeu...et à gagner ! Mais j'y reviendrai.

Menaces, intimidations, exactions, et les actions « concrètes » du système judiciaire local pour ne rien faire...

Suite à mon agression, je détermine très vite trois pistes, dont je donne immédiatement tous les détails et tous les éléments à la Gendarmerie de Saint Cyr-sur-Mer.

Parmi elles, il y a celle de FUSINATO- CALLEN- DANIEL X- OMAR X- BRANCHE, pour extorsion et escroquerie en bande organisée relatives à l'acquisition PALMIERI (CUERS).

Voici ce que j'ai fourni à la Gendarmerie, mais aussi au Procureur de Toulon, Xavier TARABEUX, par leur intermédiaire.

« *Toute l'origine est résumée dans la plainte que j'ai adressée au procureur de Marseille, à la Chambre Départementale des Notaires et à Mme La Garde des Sceaux.*

Pour étayer cette piste, et ce qui la privilégie :

Le 12 février 2013 je reçois à mon domicile une étrange visite impromptue d'apparemment deux individus. Je ne réponds pas.

Par ailleurs, selon le document lui-même en ce même jour du 12 février, une fausse substitution de l'acquisition pour laquelle j'avais signé un compromis et versé un dépôt de garantie, est rédigée et signée sous mon nom. Elle est expédiée le lendemain, 13 février, par courrier RAR N°1A08067797963, toujours sous mon nom, sous mon adresse de St Cyr, depuis la poste de St Cyr, à l'attention de Me BRANCHE. Cette substitution est au profit d'un personnage que je ne connais pas, et dont le nom est assez difficile à lire. Il s'agirait d'un « Daniel » ou « David ». J'avais appris par le passé en enquêtant sur la bande, ce qui m'a permis de découvrir leurs crapuleries, que le Daniel de la bande avait pour habitude de signer des compromis pour bloquer les affaires, et d'être le « déménageur » de service...

Je mets cependant la main sur l'accusé de réception qui me revient à mon adresse de St Cyr... Ce document m'a été volé depuis. Et malgré ma demande transmise quasi immédiatement par Me EYROLLES à Me BRANCHE pour avoir copie de l'enveloppe, elle a prétexté ne pas avoir conserver l'enveloppe, ce qui est une faute professionnelle grave...

Il est à noter que Pascale BRANCHE s'occupe de toutes les affaires de FUSINATO, sauf pour certaines plus anciennes dont TATONI, autre notaire peu recommandable, en avait la charge...

« Ils » pensaient que j'achèterais sans regarder les documents administratifs et l'environnement de l'affaire, et qu'ils allaient surtout toucher une commission, cependant, au vu de mes remarques suspicieuses sur les étrangetés ressemblant fortement à des fraudes et à des crapuleries (tels qu'abus de confiance, de faiblesse et extorsion), ils ont tenté de m'y faire renoncer afin que je ne creuse pas plus loin dans leurs combines. Le dépôt de garantie de 16.000 euros que j'avais versé était alors perdu, puisque, en tant que la partie annulant la vente, j'étais en défaut ! Il est intéressant de noter que le fameux faux document de substitution que j'aurais signé et expédié ne fait cas ni de l'existence, ni des modalités de remboursement du dépôt de garantie. Il leur était dévolu. Même signé de ma part, juridiquement et à plus d'un titre, ce document est irrecevable de la part d'une administration, et encore davantage de la part d'un officier ministériel.

A cela s'ajoute le fait que la notaire BRANCHE ne m'avait jamais envoyé les récépissés comptables de mes versements datant pourtant de décembre. Elle n'a fourni aucun élément à mon notaire et à tout fait pour retarder la transaction, alors que, avant que celui-ci n'intervienne pour défendre mes intérêts, les intermédiaires et BRANCHE exerçaient sur moi une pression de tous les diables au vu de l'urgence à signer. Leur but est que je me désiste de l'acquisition pour ne pas trop poser des questions dérangeantes sur une affaire malhonnête parmi tant d'autres.

Il est intéressant de noter que l'agression a été perpétrée une semaine après mon rendez-vous avec mon notaire durant lequel nous avons évoqué les zones d'ombres administratives de cette affaire, et qui a donné lieu à un courrier de sa part à l'attention de BRANCHE pour lui demander des précisions, dont certaines sont extrêmement délicates, comme l'origine de l'obtention d'une décision du juge des tutelles en quatre jours...

Toute la bande avait donc intérêt à ce que je me retire, par tous les moyens à leur disposition, et comme la tentative de faux a doublement échoué, ils n'ont pas pu me contraindre à signer et j'ai aussi dénoncé le faux, mais de surcroît, j'ai mis en cause la responsabilité de la notaire, qui leur est bien utile pour d'autres affaires en cours, comme pour les suivantes, tout en sachant beaucoup de choses sur eux, il leur faut bien la protéger, et par ce faire, il leur faut me faire taire. Mais, comme toujours avec le raisonnement des abrutis à la morale merdeuse, je leur devais la commission qu'ils ont fixé à 50.000 pour ne pas éveiller les soupçons, si tant est qu'ils en seraient restés à cette somme dans le futur. »

Simple, direct, limpide et concis.

Facile à comprendre, même pour un militaire.

Pourtant, aucun retour de la Gendarmerderie locale, ni même de celle départementale, ni même de celle régionale, ni d'aucune autorité, si ce n'est un net recul pour m'aider, et donc, pour me protéger.

Je comprends la collusion, et bien davantage.

En France, toute plainte enregistrée par les autorités est accompagnée de la note d'information selon laquelle une victime peut être aidée par un service compétent en la matière, qui n'est d'autre qu'une association bien pratique pour soutirer des fonds publics et offrir un emploi rémunéré à des personnes qui n'ont aucun pouvoir, ni aucune compétence.

Je connaissais d'avance leur inutilité, cependant, étant sous le coup du traumatisme de l'agression, et sous celui de l'ultimatum de remise de rançon sous menace de mort, et étant parfaitement isolé par l'inaction des autorités, je ne savais que faire, et leur ai demandé assistance. La personne en charge de cette association, l'« AAVIV », a d'abord été étonnée de l'aspect grave de mon agression, dont elle n'avait pas eue la teneur de la part du parquet. Elle a d'abord essayé de m'aider en tentant de joindre le procureur, Xavier TARABEUX.

Et après de vaines tentatives pendant quelques jours, elle a laissé tomber ! Elle m'a laissé tomber !

Un résultat nul.

Pire, j'ai dû la rappeler pour l'entendre dire qu'elle ne pouvait rien pour m'aider !

J'ai compris alors que le procureur de Toulon était de connivence avec la bande de salauds, et avait propagé la consigne de me refuser toute aide, même légitimement légale...

27 mars 2013

7 heure du matin, j'ouvre les volets de ma chambre.

A peine entrouverts, deux individus en tenue noire style GIGN, se précipitent sur moi, le premier tout en me frappant, quand l'autre les referme derrière eux.

L'appartement se situe au premier étage, et ils ont attendu en plein jour, mon lever.

Je suis précipité par terre en arrière, par les deux affreux, et l'un d'eux en casse le lit. Dans la pénombre, bloqué à terre par tout le poids du premier qui continue à me frapper pendant que j'essaie de me débattre du seul bras droit, le gauche étant freiné par l'autre individu, qui m'a tordu et déboîté l'annulaire.

Le bruit fracassant étonne autant ma voisine du dessous, que mon voisin du même palier à quelques appartements du mien.

Le gars stoppe ses coups, et me dit de rester tranquille. Dans la semi-obscurité, j'aperçois mon doigt déboîté, et en même temps que l'autre conversait, je me mis à penser que laisser le doigt en l'état serait beaucoup plus douloureux ultérieurement si je ne le remettais en place immédiatement. Sous l'aspect du chaud de l'action, je le fis.

En me relevant du sol, le seul interlocuteur du duo m'informe qu'ils sont venus pour me tuer.

En m'installant sur le lit, je lui réponds « Vous êtes donc venu pour me tuer ?! ».

Il me répond que si je reste tranquille, et que si je suis les consignes qu'il va me donner, tout se passera « bien ». Étrange pour quelqu'un qui dit être « envoyé » pour me tuer.

Avec du scotch américain, ils me saucissonnent. D'abord les chevilles, puis, les jambes, les mains dans le dos, les yeux bien serrés, et pour finir, bâillonné avec une de mes chaussettes.

Ils allument la télé, et restent un moment dans le salon adjacent communiquant avec la chambre.

J'essaie d'écouter. Leur entreprise est silencieuse, comme leur échange. Un seul me parle, un accent étranger, mais au phrasé dans la langue française, assez évolué.

Le « bas-parleur » veut prendre ma voiture, avec la consigne de ne pas la déclarer volée pendant au moins 15 jours. Il me demande la carte grise. Il découvre que je ne l'ai pas mise à mon nom. Heureusement. Il change alors d'avis.

Suite à plusieurs changements de décisions de sa part, sans trop de raison ni de logique, il prend selon toute apparence, des consignes dans la pièce d'à côté, auprès de son commanditaire, par téléphone. Par la suite, j'apprendrai par un policier que, souvent, les acolytes qui ne parlent pas, sont des personnes identifiables par la victime...

Ils prennent mes ordinateurs et tous les papiers étalés sur mon bureau, et un sac contenant mes papiers personnels et les cartes grises de mes véhicules.

Puis, viennent les consignes finales qui sont explicites.

Tout d'abord, que je ne me manifeste pas à la police, car, quoi qu'il en soit, il me dit qu'ils le sauront, étant introduits dans tous les « échelons du système ».

Ensuite, je dois apporter 50.000 € le 15ième jour suivant, au rond-point du Prado à Marseille.

Je demande : « *Lequel de rond-point ?* ».

Il me rétorque, celui que je veux !

Je précise alors, celui du « *David* » (*c'est une place avec une copie du « David » de Michel-Ange*).

Un blanc dans la conversation...

Il reprend et répète les consignes, sans reprendre étrangement le nom du rond-point.

Je lui demande alors, « *Pourquoi pas dans 7 jours ?* ».

Il reprend au bond, en me demandant si j'avais l'argent sur place. 50.000 !

Je lui confirme que je dois les retirer à ma banque.

Alors, il réitère la demande de rançon, l'extorsion liée à la menace de mort, à savoir le lieu du rendez-vous déjà exprimé, mais il m'offre un délai de 10 jours !

Le commanditaire, ou eux-mêmes, avaient sans doute d'autres projets pendant ces dix journées...

Selon toute vraisemblance, ils ont besoin davantage de gagner du temps que de l'argent, même s'ils n'ont pas craché sur les quelques espèces que j'avais alors. Ils m'avaient auparavant demandé si j'avais des bijoux, de l'or, des espèces. En dehors des 1.500 euros que j'avais, ils n'ont pris ni les cartes bancaires, sauf celles dans le sac, ni les chéquiers, ni les papiers d'identités, sauf celles et ceux qui étaient dans le sac, et ce, par « inadvertance ».

Et il me confirme que si tout se passe bien, alors ils me rendront mes ordinateurs, et ils me laisseront la vie sauve...

Ils partent en silence.

Au bout de 5 minutes sans aucun bruit, je me risque à crier, à bafouiller plutôt, toujours bâillonné, petit à petit pour déceler, ou non, leur présence.

Puis, je me risque à me détacher, les mains, puis le reste, en décollant difficilement les bandes d'adhésifs professionnels de type « Scotch Américain ». Seuls le bandage des yeux est impossible à décoller, je tâtonne pour trouver un couteau et je le tranche.

Je revisite mon appartement, qui n'est pas tant en désordre que cela.

Je reprends mes esprits en même temps que je découvre le résultat des coups répétés sur mon arcade sourcilière droite. J'ai l'œil quasiment fermé par une énorme sale boursouflure.

Je prends une douche et m'habille pour aller demander de l'aide à la voisine, à savoir, un téléphone pour appeler les pompiers.

Une fois arrivés, je leur explique sommairement que cela est dû à une agression, et ils appellent la gendarmerie malgré mon refus. Ils ont l'obligation de les informer en de pareilles criminelles circonstances.

Les gendarmes débarquent très rapidement, et je suis dans la position de leur déclarer les termes des exactions subies, à savoir, la demande de rançon et l'extorsion pour le dixième jour suivant, assorties d'une menace de mort.

Ils appellent la scientifique pour relever ADN et empreintes.

Pendant ce temps, les pompiers me transportent aux urgences de La Ciotat, où je reste seul dans une pièce sans protection, à la merci de n'importe quelle représaille ou nouvelle intimidation, mais aussi et surtout, avec pour seuls soins, un petit morceau de coton imbibé d'alcool et une vilaine pommade grasse pour les coups, assortis à un magnifique « Doliprane ».

Et puis, oust, dehors !

Qu'importe une potentielle hémorragie interne suite à ma forte et longue « cure » d'aspirine les jours précédents, pour combattre une grippe. Aucune radiographie, ni de la tête, ni du doigt n'est entreprise. Le docteur présent invoque qu'il ne peut rien constater, et fait fi de mes « allégations » du déboîtement de ma phalange. *Pour information, ce traumatisme articulaire a laissé une permanente séquelle à ce doigt qui présente toujours, en 2019 alors que j'achève le présent témoignage, toujours la même déformation...*

Les soins ont duré moins de temps que pour rédiger le rapport...

Fort heureusement, ma voisine m'avait laissé son numéro de téléphone pour que je l'appelle afin qu'elle vienne me chercher.

Pendant ce temps, je suis resté seul dans la rue...

Je tiens à ajouter que, durant ma présence à l'Hôpital, au sein même du service des Urgences dont l'accès est restreint, il n'y avait personne d'autre, si ce n'est un étrange individu basané, en civil, qui est passé en me regardant d'une manière insistante...

Au retour, les gendarmes m'ont demandé si je les autorisais à perquisitionner mon appartement. J'acquiesce. On ne sait jamais ce que les salopards auraient pu laisser derrière eux...

Parallèlement, on m'annonce la venue de la brigade régionale du grand banditisme de la Gendarmerie, basée à Aix-en-Provence.

Puis, finalement, elle ne se déplace pas.

La gendarmerie de Saint Cyr-sur-Mer, et/ou varoise, et/ou le procureur du parquet de Toulon a/ont fait le nécessaire pour réduire la diffusion et la gravité des faits, pour étouffer l'affaire !

Si toute mémé mordue par son caniche préféré fait un article d'au moins, une demi-page dans le quotidien local, « Var Matin », en ce qui concerne une agression criminelle aggravée telle qu'elle m'est arrivée, il n'y eut aucune ligne de la part d'un journaliste, d'un média !

Ce n'était pas un vol quelconque, crapuleux, mais une action ciblée et orientée...

C'était le 27 mars 2013.

Entrée en scène d'un acteur à la fonction officielle

Le 29 mars 2013, donc, deux jours après mon agression, Romain CALLEN avec lequel je n'avais eu aucune relation auparavant, m'envoie directement un courrier recommandé en une mise en demeure de signer dans les 15 jours la vente, ou à défaut, le compromis qu'il prend soin de nommer « promesse de vente » deviendrait caduque. Il agit en le nom des vendeurs.

Je lui rappelle alors les règles d'usage, et la loi.

Voici le courrier que je lui ai adressé en réponse.

« Petit Monsieur,

votre courrier du 29 mars 2013 en main, m'ordonnant un ultimatum de 15 jours pour signer l'acte authentique, où, à défaut, sera considérée la caducité de la promesse de vente signée le 12 et 13 décembre 2012, me fait trembler... de rire !

Tout d'abord, vous pouvez retourner à vos études de Droit. Certes, vous avez été plutôt à celles du Gauche, ou du Travers. Mais je reviendrai sur la légitimité de mes premiers propos, plus tard.

Donc, petit monsieur, pour invoquer une injonction de signature, légale et légitime, vous devez présenter une justification selon laquelle tous les éléments nécessaires à l'établissement de l'acte authentique sont présents et valides.

Nous ne sommes pas dans un situation temporelle, mais de moyen. Mais, vous n'êtes pas notaire...

A ce sujet, vous sauriez que vous devez respecter les règles déontologiques de la profession de ce type d'officier ministériel que vous n'êtes même pas. Aussi, pour vous les enseigner, sachez que vos clients, ou vous, si vous avez un document attestant que vous les représentez réellement et sous leur consentement puisque j'en émets la demande expresse d'une certification d'authenticité au titre de fortes suspicions légitimes d'abus de faiblesse et d'extorsion de votre bande sur les vendeurs mais aussi au titre de la légitimité au regard de vos antérieurs agissements dans l'affaire de SIGNES, ainsi donc, vos clients doivent passer par Me Pascale BRANCHE, leur notaire, pour évoquer cette volonté. Et c'est cette dernière qui aura à estimer et à valider le bien fondé d'une telle requête. Mais, au préalable, elle aura aussi le devoir d'en référer en la transmettant, à l'autre notaire présent de la double-minute, et en cette situation, à mon notaire à Aix-en-Provence, Me Jean-Jacques EYROLLES, qui, enfin, m'en fera part. Ce n'est que, tout d'abord, si Me EYROLLES et Me BRANCHE reconnaissent que tout est en ordre administrativement et juridiquement, que nous pourrons alors évoquer un ultimatum (un autre différent, que celui que vos sbires m'ont transmis le 27 mars dernier...).

Or, nous sommes loin de pouvoir signer.

Que cela soit sur le plan administratif, juridique, et puis, judiciaire, et même criminel.

Je suis étonné que vous ne soyez pas informé de la présence d'un autre notaire, puisque c'est cette « découverte » qui a fait que vos acolytes ont perpétré quasi Instantanément tout ce qui a suivi de délits et de crapuleries à mon encontre, à partir du 12 février. Vous en avez parfaitement connaissance, mais vous pensiez à en faire fi puisque j'avais l'« aimable » consigne de l'ignorer, aux termes des instructions « tacites » fournies par vos hommes de main lors de mon agression du 27 mars dernier...

Pour compléter, votre enseignement en matière de Droit, sachez qu'en l'espèce, c'est à mon notaire de rédiger l'acte...

Administrativement d'abord. Il y a beaucoup de sales zones d'ombres, d'étrangetés et même de parts celées volontairement, qui font concourir cette affaire à une escroquerie, que j'ai déjà dénoncée. Et au vu des derniers éléments, je confirme que c'est bien, au moins, une escroquerie.

Comme je l'avais prévu de le faire lors de mon rendez-vous avec mon notaire le 3 avril dernier, avant d'avoir été agressé, violenté, volé, menacé et extorqué, je pourrais renoncer à l'acquisition, et récupérer mes fonds, le dépôt de garantie de 16.000 €, comme l'avance sur frais de 500 €, pour de nombreuses raisons juridiques, comme, par exemple, au titre de la tromperie et notamment de la non-concordance de ce qui est prétendument vendu et contracté dans le compromis, avec la réalité.

Je peux mettre l'entière faute sur celle professionnelle de la notaire, Pascale BRANCHE, qui n'a pris aucune précaution, au préalable de la signature du compromis, sur la provenance du bien, comme sur sa qualité. En effet, par exemple, le principal bâti n'a pas obtenu de conformité, tout comme le pool-house n'a même pas de permis, sans compter l'origine de propriété douteuse, ou la qualité frauduleuse des documents obtenus ultérieurement en l'espèce d'ordonnance du juge des tutelles toute aussi complaisante, que vous avez obtenue « personnellement » en quatre jours, un cas qui ne peut être dû à votre improbable extraordinaire connaissance en Droit, au regard de ma précédente irréfutable démonstration de vos lacunes en celui immobilier basique, sans compter votre incapacité intellectuelle et votre insuffisance de connaissance en la matière du juridique au point que vous êtes obligé d'employer menaces et exactions physiques pour ce que tout petit avocat aurait pu trouver comme solution à l'amiable. Mais, l'adage se vérifie toujours, et d'un âne, on ne peut en faire un cheval de course.

Si vous voulez la liste des problèmes administratifs autant que ceux juridiques au titre des manquements et des choses dissimulées de la part des vendeurs (de votre bande, en réalité), veuillez vous adresser à Me Pascale BRANCHE. Mais, cela est inutile, car vous les connaissez déjà puisque vous avez craint que nous les découvrions, mon notaire et moi, en ayant enfin accès aux documents de l'affaire, dès lors qu'il s'est déclaré me représentant, et qu'ainsi, Pascale BRANCHE, alors déclamant auparavant être prête et empressée pour signer, n'a plus donné signe de vie avant un mois...

Et puis, il y a dans cette affaire l'existence d'un faux expédié sous mon nom.

Non, nous ne sommes pas, petit monsieur, dans une transaction normale, ni dans un environnement banal.

Ainsi, vos petites « merdes » que sont vos comparses, ont commis de nombreuses bévues, très graves de surcroît, car ce qui aurait pu rester qu'administratif, voire juridique, vire « au vinaigre ».

J'espère pour vous que c'est une initiative de leur part, car elle est si débile, comme la suite qui m'a été donnée avec l'agression à domicile, que, si elle émane de vos cerveaux, si piètres soient-ils, vous et votre père, vous êtes vraiment encore davantage « mongolien » que ce que je pensais.

Vous ne pouvez nier que, depuis deux mois, une plainte est déposée contre cette notaire, qui est celle de votre bande pour d'autres affaires en cours. Une plainte pénale où est cité à titre principal, votre père, Georges CALLEN, escroc notoire, qui a « apporté » cette pseudo affaire de PALMIERI à CUERS, comme deux autres, celle de Mme MOREL à SIGNES, et celle de Jean-Claude MAS, à Six-Fours, par l'intermédiaire du pseudo homme d'affaire mais grand « charlot », David FUSINATO, avec, en « background », Romain LEDUC, entre autres, pour son coté, et un certain Daniel PINA et un Omar pour le vôtre. Il y a aussi d'autres personnes d'une liste qui s'étoffe de jour en jour tant mon organisation, honnête celle-là, en récolte sur le compte de chacun de vous, et de vos relations financières particulières avec un certain pays Limitrophes (sic). Mais, cela est un autre propos.

Mais, si cela n'était que cela, nous aurions pu facilement trouver un simple arrangement civil.

Pourtant, déjà, à ce stade, nous étions passé du stade administratif, puis juridique à celui judiciaire.

Petit retour au juridique avec un seul petit point parmi tant d'autres. Pour continuer votre enseignement, espèce de nain de jardin intellectuel et moral, j'ai signé un compromis et non une *promesse de vente comme vous le mentionnez dans votre torchon. Ce qui n'a absolument rien à voir ! Vous n'avez pu obtenir votre diplôme que par une session orale de génuflexion auprès de l'examinateur, pendant qu'un autre vous formatait celle anale (sic) selon les règles d'adoubement de votre confrérie.*

Ainsi, pour votre information, un compromis ne peut être annulé que par consentement des parties, ou par un juge. Et en aucune manière par un nain de jardin, fut-il avocat, véreux de surcroît.

D'ailleurs, s'il s'agissait d'une promesse de vente, vous n'auriez pas eu à m'envoyer cette missive, ni à entreprendre des violences physiques et morales par vos deux affreux, si tant est, nous le savons tous les deux, que cette exaction, ce vol, cette extorsion et ces menaces ne soient restreintes à ce seul problème de votre bande.

Pour revenir au sujet de votre courrier, pour l'heure, je pencherai pour une résolution auprès d'un tribunal, car nous n'avons pas fini la mise au point et l'éclaircissement des modalités.

Arrivons donc, désormais à celui du criminel.

Vous avez envoyé votre espèce de courrier le 29 mars 2013.

Deux jours auparavant, le 27 mars, j'ai été agressé chez moi, saucissonné, séquestré, et volé (des biens ciblés qui déterminent sans conteste, que le caractère de cette exaction n'est pas crapuleux), mais surtout menacé, délits que je m'épargne de décrire puisque vous les connaissez bien pour les avoir commandités avec, entre autres salopards, votre père et David FUSINATO.

Une semaine auparavant, mon notaire demandait à Me BRANCHE, des précisions sur cette surprenante, et rapidement obtenue, ordonnance du juge des tutelles. Elle n'y a répondu que 2 semaines plus tard, le 2 avril, après mon agression, après votre mise en demeure, et juste pour faire croire que tout était parfait pour signer, me mettant en, soi-disant, défaut, pour récupérer le bien, effacer toute poursuite d'investigations, et pour prendre 16.000 € du dépôt de garantie, en sus des 50.000 € d'extorsion sous menace. Votre nom est sur ce document.

Mais, il y a un passif.

Déjà, le 12 février, je recevais une visite de deux sbires à mon domicilie de Saint-Cyr/Mer.

Le lendemain, je me faisais menacer par Romain LEDUC, « collaborateur » de David FUSINATO.

Ce même jour du 13 février, un fausse attestation de substitution, médiocrement rédigée au point qu'elle en serait irrecevable même si j'en avais été l'auteur, faite en mon nom au profit d'un « drôle » de Daniel PINA, était expédiée depuis la poste de Saint-Cyr/Mer, par courrier recommandé avec accusé de réception n°1A08067797963, toujours en mon nom en tant qu'expéditeur, et adressée à Me Pascale BRANCHE.

Tout ce « préambule » s'est passé 5 jours après que Me Jean-Jacques EYROLLES ait fait acte de sa présence, le 07 février, auprès de Pascale BRANCHE, pour être mon représentant.

Cela exprime que cette affaire est une escroquerie, et que vous ne vouliez surtout pas qu'un autre notaire, honnête et pointilleux, ne soulève des questions dérangeantes.

En définitive, votre bande a voulu m'escroquer, mais voyant que cela pouvait tourner qu'à votre désavantage par la présence d'un officier ministériel intègre et de son acquéreur de la même qualité, vous avez voulu tout arrêter. Et même avez-vous déjà trouvé un autre pigeon, avec qui vous avez déjà signé l'acte authentique, ce qui expliquerait cet empressement à régler ce problème devenu étrangement urgent, par le fait que le notaire se doit d'enregistrer tout acte aux hypothèques dans les deux mois qui suivent une vente.

L'exact timing et ultimatum depuis cette lamentable tentative de fausse substitution, avec le temps présent.

Vous m'en voulez. Or, vous, votre père et les autres cloches de votre entourage malfaisant et nuisible, êtes trop stupides pour comprendre que la cause de tous vos maux ne provient que de la toute aussi débilité de votre nouvel acolyte, David FUSINATO. Il est le responsable du démantèlement du château de cartes de votre organisation crapuleuse car il savait bien que je ne trempais dans aucune magouille. FUSINATO, qui est déjà une tache sur le plan moral, l'est tout autant sur celui intellectuel, car me connaissant depuis près de 20 ans, il sait pertinemment que je n'entreprends que des affaires claires et honnêtes. J'ai, à défaut de vous tous réunis de la bande, la capacité de trouver des affaires honnêtes, immobilières ou autres, et que je n'ai nullement ni l'âme, ni l'envie, ni le besoin de spolier un vendeur d'un côté, et d'escroquer l'acquéreur de l'autre. Je n'ai ni le goût de lucre, ni l'avidité qui vous caractérisent par essence. FUSINATO est si stupide qu'il savait que j'avais créé une ONG Fondation pour dénoncer et combattre la corruption. Il a commis une pire gaffe que s'il avait proposé une auto volée à un flic.

Un intermédiaire, cet abruti comme tous ses amis qui se targuent d'êtres des hommes d'affaires, n'a pas seulement vocation à présenter deux parties, et à prendre une grosse enveloppe sans rien faire, il a le devoir, avant tout, de vérifier la qualité et la nature des produits qu'il présente, et de les sélectionner selon les éventuels intéressés auxquels il va les proposer. Il a voulu se la jouer « homme d'affaire ».

Vos « affaires » n'en sont pas. Elles ne sont que des spoliations malhonnêtes sous de faux couverts de légalité, entreprises sur de pauvres et faibles gens dans la détresse, dont leurs réussites ne proviennent que du genre d'intimidation que vous avez perpétrée sur moi. David FUSINATO est le seul responsable de votre déconvenue, comme il est coupable envers moi de m'avoir présenté trois affaires frauduleuses et crapuleuses, et au surplus, provenant de cancrelats tels que vous, et ainsi, de m'avoir mis au milieu de ce merdier qui devient le vôtre. Pour ma part, il payera.

Donc, pour ne revenir au sujet de la présente, mon agression, comme vous le savez très bien..., a été assortie de menaces et d'une extorsion de 50.000 € sur un ultimatum « proposé » de 15 jours. Le même ultimatum, et même timing que votre espèce de mise en demeure.

Pour émettre une telle fallacieuse missive à extinction tacite, qui n'a aucune valeur juridique dans une procédure normale et honnête, il est absolument nécessaire d'être dans la certitude d'une absence de réponse et de riposte de la part de la personne concernée.

Je sais très bien que c'est votre bande, votre père en tête, avec les personnes sus-nommées, qui a entrepris ces exactions à mon encontre. J'ai des preuves que j'ai mises à l'abri. Votre bande a fait l'erreur d'employer la manière forte plutôt que de faire cela légalement et à la loyale, car, je ne suis qu'un quidam qui voulait acquérir honnêtement un bien. Mais de ces deux façons de faire, vous ne connaissez leurs existences que pour vivre de leurs opposés, par la malhonnêteté et la lâcheté.

Mais, au vu de vos manières inconsidérées, totalement hors de proportion avec la réalité, et surtout débiles, je ne peux avoir aucune confiance en l'avenir d'un arrangement, puisque vous n'avez rien, ni honneur, ni parole, à titre de garantie sur la tenue de vos engagements éventuels. Donc, pour pouvoir négocier sur cet arbre qui cache la forêt, à savoir la résolution de ce compromis, vous devrez d'abord me rendre tout ce que vous m'avez volé. Cela ne peut et ne constituera jamais une monnaie d'échange, mais, une condition pour mon écoute, à laquelle je répondrai favorablement. Je dors sereinement car je sais que ce que vous m'avez pris en otage, vous devez en prendre grand soin, car il est davantage un poids pour vous qu'il est un manque pour moi. En effet, je suis prêt à le perdre, comme tout ce que possède (Notion primordiale de l'Art de la Guerre), mais pour vous c'est du « brûlant » car si les autorités vous prennent avec, vous êtes très mal, et si vous vous en débarrassez, vous serez encore plus mal pour d'autres raisons, comme celle que la porte de négociation sera définitivement close. De mes ordinateurs et de mes papiers, vous ne pouvez en retirer aucune valeur marchande, et ils me font peu défaut puisque j'avais quasiment tout sauvegardé sauf mes derniers écrits sur le développement d'une théorie scientifique qui me sera fastidieuse, mais pas impossible à écrire à nouveau, tout autant que les pénibles démarches administratives. Mais j'y suis résigné. Donc, la restitution préalable est sans condition. Vous avez 24 heures à réception de la présente pour m'expédier le tout, j'ai bien dit tout, à mon adresse de Paris. Je vous recommande d'utiliser UPS, car, passé ce délai, et à défaut, je comprendrai votre stupidité, et concomitamment, j'entreprendrai ce qui est déjà prêt.

Par ailleurs, je peux comprendre que vous ne vouliez pas dépenser des frais de port, aussi, si vous préférez que des personnes habilitées « quémandent » à votre domicile, pour plus de discrétion, à vous directement ou à votre famille, ce qui m'appartient, cela ne me dérange guère. Mais, il se peut que les frais, à votre charge, soient plus élevés qu'avec UPS ou Fedex.

Alors, petit monsieur, je ne crois pas que, pour l'instant, l'affaire va s'arrêter aussi rapidement par un petit recommandé de votre part, et que, par la même occasion, je perde, après mon temps, mon dépôt de garantie de 16.000 € et l'avance sur frais de 500 € versés pour, en définitive, une affaire frauduleuse qui est une escroquerie déjà aux seuls termes administratifs.

Donc, si vous voulez disposer du bien, et surtout, accéder au réel mobile de vos entreprises crapuleuses sur moi, tout autant que je stoppe nos investigations (pas celles de la gendarmerie) sur la nature spécieuse des activités de votre bande, comme celle de la crapule Jean-Claude MAS, vous avez la marche à suivre.

Donc, pour résumer et faciliter la compréhension de la situation pour votre cerveau aviaire :

- *Non, ce n'est pas une promesse de vente*
- *Oui, c'est un compromis.*
- *Non, ce n'est pas à vous de décider, ni d'entreprendre un quelconque ultimatum*
- *Oui, c'est bien aux notaires de confirmer ou non de l'état de la situation de signature et d'en informer les parties selon un délai.*
- *Non, tous les éléments administratifs ne sont pas prêts au vu de la découverte de nouvelles zones d'ombres*
- *Oui, il y a bien des difficultés et des points de non concordances avec le compromis.*
- *Non, ce n'est ni à vous, ni à vos « clients » de décider de rendre ou de considérer le compromis nous liant, caduc,*
- *Oui, j'ai tous les droits de me retirer, sans défaut pour moi.*
- *Et non, je ne le ferai pas tant que je n'aurais pas toutes les garanties de remboursement de ce que j'ai versé, dépôt de garantie et avance sur frais.*

Pour finir, sachez que si vous avez les moyens d'employer des hommes de main, cette méthode est aussi à la portée des hommes de bien, et que les usages défensifs sont d'un autre ordre que celui offensif. Les cibles étant les commanditaires et non les sous-fifres.

A titre d'authentique assurance-vie, s'il m'arrive quoi que ce soit, même « accidentellement », des sanctions seront faites sur des personnes d'une liste pré-établie, et ce, même si je suis décédé, ou non libre de mes « mouvements ».

A défaut de réception de ce qui m'appartient, ce courrier sera transmis dans 24 heures aux intéressés en charge de l'affaire administrative, notaires, et autres personnes concernées au titre judiciaire.

En sus de ce qui est primordial à toute poursuite des négociations, vous avez 24 heures pour me transmettre par les canaux des règles déontologiques que je vous ai enseignées, une proposition d'arrangement à l'amiable, avec au préalable, le remboursement de mon dépôt de garantie de 16.000 € et des 500 € d'avance sur frais.

Mes salutations à Haddad et à Fn...

Je ne salue pas la vermine. »

Tout a été dit, point n'est besoin d'en rajouter.

Il n'a certes pas répondu, mais l'escroquerie des 16.000 euros et des 500 euros par la notaire, s'est réalisé à mes dépens.

La vente, elle, s'est réalisée au profit de quelqu'un d'autre, malgré le compromis toujours en vigueur, sans crainte des autorités, et avec l'aide d'un autre notaire, tout aussi véreux mais encore inconnu dans cette affaire.

Tout ceci détermine bien que ce sale avocat bénéficie de protection de la part des procureurs de Toulon et de Marseille, de la part de Xavier TARABEUX et de Jacques DALLEST.

Réapparition de la prodigue notaire

Telle la peste ou la vérole, dans la foulée de la subite et inopinée manifestation de Romain CALLEN, la notoire notaire Pascale BRANCHE repointe son nez, la « gueule enfarinée ».

Elle répond aux questions posées par mon (véritable) notaire deux semaines plus tôt.

Le 03 avril, soit cinq jours après mon agression...

Et trois jours après la mise en demeure du fils de l'escroc salaud, Georges CALLEN.

Elle donne enfin des éléments que nous attendions depuis des semaines, comme pour démontrer que tout était déjà prêt pour signer l'acte authentique.

En réalité, ce n'est pas le cas ! Loin de là, mais cela lui permet de se dédouaner de toute responsabilité sur ses fautes antérieures commises, pour certaines involontaires, très peu, pour d'autres délibérées, nombreuses.

Cela permet aussi et surtout à la bande de faire croire en un défaut de ma part, et, ainsi, récupérer l'affaire pour la fournir à un autre, tout en me volant la somme du dépôt de garantie de 16.000 euros, et celle des 500 euros d'avance sur frais.

Les nouveaux éléments n'apportent pas d'éclaircissements, bien au contraire, ils assoient de nouvelles inquiétudes quant à l'origine de propriété par une donation, une autre, antérieure à celle qui m'inquiétait auparavant et que nous avions découverte avec mon notaire.

A cela, de nombreux « manquements » apparaissent avec certitudes comme l'absence de permis du pool-house, l'absence de conformité de la construction existante, l'absence de rapport du service de l'assainissement des eaux usées, ou plutôt, la confirmation que celui présenté était un faux !

Tous ces « manquements » sont commis en pleine conscience professionnelle par l'officier ministériel assermenté, sous la tutelle de la Direction des Affaires Civiles et du Sceau (DACS), sous l'autorité du Ministère de la Justice, à savoir la notaire dépendant de la Chambre Notariale des Bouches-du-Rhône, Pascale BRANCHE. Elle, et elle seule, est la responsable des termes du compromis, rédigé en dépit du bon sens, mais surtout d'une manière fallacieuse.

En réponse, mon notaire lui renvoie des annotations interrogatives sur ses documents et lui demande davantage d'éclaircissements.

Les suites inexistantes (unilatéralement bénéfiques) de l'enquête sur mon agression

Malgré tous les éléments fournis et toutes les preuves des nombreux graves délits dénoncés, même et surtout ceux indirectement liés à l'agression, les suites judiciaires entreprises par les autorités sont simples à évoquer.

Nulles !

Ou plutôt bien soignées pour être inefficaces au possible. Voire oubliées.

Il faut savoir que la Gendarmerderie n'a plus rien fait dès lors qu'elle a reçu certains ordres, rapidement délivrés dans les heures qui ont suivi, de la part du Procureur de la République du parquet de Toulon, Xavier TARABEUX.

Leurs consignes étaient simples :

Me laisser isolé, ne me fournir aucune protection.

Dans l'espoir que je sois purement éliminé, ou du moins, maté définitivement, et obéissant par la « force des choses »...

Que cela soit dans les Bouches-du-Rhône, dans le Var, et même à Paris, des juges, des greffiers, des avocats, des notaires, des huissiers, bref, tous ceux que j'ai mis en cause, tous ceux que j'ai dénoncés, tous ceux contre qui j'ai des preuves de leurs crapuleries dans plusieurs affaires, tous ceux-là ont trop à gagner si j'obtempérais, ou si je ne pouvais plus parler...

La preuve en est que, quelques jours après mon agression, et dans le délai imparti pour verser la rançon sous menace de mort, j'avais contacté l'association varoise d'aide aux victimes, l'« AAVIV », sans conviction, mais je n'avais que ce moyen pour médiatiser mon affaire, ce, afin de trouver un semblant de protection, ou du moins, un répit.

Tout procès verbal rédigé par les autorités est accompagné des informations relatives à l'existence de cette association, qui a pour but de « prêter » assistance, d'aider les victimes, c'est-à-dire, pas grand chose en réalité, et qui se résume à prévenir de ce qui va suivre au niveau juridique et judiciaire, à lister les moyens mis à disposition (rien!), et à délivrer une espèce de pseudo aide psychologique.

Consécutivement au dépôt d'une plainte, ce type d'association officielle reçoit une note d'information de la part du parquet quant à l'existence de victimes de délits, avec leurs coordonnées.

J'ai donc été contacté par cette association.

Et j'ai appelé cette aide « providentielle », au sein de laquelle j'ai été mis en relation avec la juriste, Audrey TASSY.

Elle est restée interloquée en apprenant la gravité des actes commis, n'ayant été informée de rien de la part du cher procureur.

Très cher, même.

En effet, elle l'a contacté directement pour lui demander quelle protection il allait m'apporter.

N'ayant plus de nouvelles de ladite juriste depuis près d'une semaine, la date d'échéance de ma « condamnation » étant passée, je l'ai appelée pour lui demander l'état de la situation.

Aucune nouvelle dudit procureur, me répondit-elle, aucune réponse de sa part...

Mais le « pompon » de la nature de l'action de cette aide aux victimes fut atteint quand je lui ai demandé le nom du procureur.

Elle refusa catégoriquement de me le donner !

Quelle belle assistance !

En fait, ce type d'association a pour but de détourner d'une manière officielle, de l'argent public afin de rémunérer des personnes qui seraient sans emploi dans le monde actif du réel.

Leur incompétence étant trop flagrante, ils en sont à usurper des postes d'une semi administration. Ces associations ne sont en aucune manière une aide aux victimes. Elles sont au service des acteurs du système judiciaire.

Il m'a fallu plusieurs recherches sur internet afin d'apprendre l'identité si secrète de ce procureur de la République Française, Xavier TARABEUX.

A ces jours de septembre 2013, avant mon départ définitif de France, et pour cause, soit six mois après mon agression, je n'avais toujours strictement aucune nouvelle de la Gendarmerderie, et encore moins du fameux procureur fantôme.

La consigne de ne rien entreprendre pour m'aider et me protéger avait été bien appliquée.

Pire, il a été entrepris depuis l'origine, une campagne de diffamation à mon endroit afin de m'ôter toute crédibilité.

Et ceci, j'en ai eu confirmation ultérieurement, par les suites avortées des médias et de certains avocats lors de l'affaire « P.I.P. ».

J'y reviendrai.

La complicité de hauts représentants des autorités et d'officiers ministériels dans l'agression

J'aurais pu ne pas être agressé.

Si je m'étais tu, ou si j'avais profité et participé à cette manne providentielle et facilitée, qui m'aurait rapporté environ un million d'euros réparti sur ces seules trois affaires.

Ou simplement si Anne LEZER, « vice »(le mot est bien choisi)-Procureur du parquet de Marseille, n'avait pas enterré ma plainte, sous les ordres de Jacques DALLEST, son supérieur hiérarchique, et par les bons conseils de Jean-Fabrice ANSELMO, président de la Chambre Départementale des Notaires des Bouches-du-Rhône.

Non seulement, elle a dénigré ma plainte pénale en la qualifiant de « réclamation », mais aussi et surtout, elle a offert toute latitude et toute confiance en une impunité, aux protagonistes désignés, en la classant sans suite.

Par sa qualité officielle, ce type d'« archivage » est plus efficace encore qu'une ignorance totale qui laisse toujours en suspend la dénonciation, et son aura d'une éventuelle légitimité.

Le « classement sans suite » est une espèce de jugement, facile, catégorique, péremptoire.

Et les salopards, autant ceux qui en bénéficient que ceux qui le délivrent, l'affichent comme tel !

Une décision telle une ordonnance !

Ainsi, par sa déclaration aucunement motivée d'une manière juridique, ni sur le faits, ni sur les actes, ni sur les documents, ni sur l'argumentation, mais sous son seul désir personnel constitué de celui de ses « pairs », Anne LEZER a donné un sauf conduit aux agresseurs et à leurs commanditaires, bénéficiaires directs.

Anne LEZER, Jacques DALLEST et Jean-Fabrice ANSELMO sont, sans conteste, les complices de mon agression, et même les commanditaires indirects.

En effet, les menaces que j'ai subies le 13 février n'ont jamais trouvé d'écho dans les couloirs de ces instances judiciaires, tout comme les plaintes pénales précédentes auprès de leur instance respective, dénonçant les crapuleries passées, en cours et à venir.

Déjà, l'intimidation de ce 13 février n'aurait pas eu lieu si ces dernières avaient trouvé une écoute.

Pourtant, leur travail aurait été des plus simples puisque je leur avais fourni les identités, non seulement de l'« agresseur aux consignes », mais aussi du commanditaire.

Si ceux-là avaient fait l'objet d'une enquête et avaient été sous le coup d'interrogatoires, ils n'auraient pas osé passer aux actes d'un niveau supérieur, celui du 13 février, et encore moins à celui du 27 mars.

Mais, voilà, cela n'aurait pas arrangé les amis de Jacques DALLEST, et lui-même d'ailleurs, puisque je l'avais déjà mis en cause personnellement en ce qui concerne d'autres affaires, comme celle du notaire véreux Marc SALADINI et du président de la Chambre Départementale des Notaires d'alors (2004), Jean-Jacques FIORA ; ce dernier ayant protégé ledit notaire, et ses propres intérêts, et bien plus, en cherchant à s'en procurer davantage par la situation financière délicate qu'il s'était armé à amplifier à mon endroit, tout en récupérant les affaires que je perdais pour le bénéfice d'un de ses amis...

Et dernièrement, j'avais mis en cause l'intégrité de DALLEST au sujet de la protection qu'il fournissait quant aux crapuleries commises par des huissiers, mais aussi par des avocats, comme par exemple, Gilbert COLLARD...

Quant aux miséricordieux naïfs qui objecteraient que Anne LEZER a fait simplement une erreur en qualifiant ma plainte pénale étayée de preuves irréfutables, de « réclamation », je mettrais sur la table pour y répondre, les autres courriers de sa part au titre d'autres plaintes pénales toutes aussi argumentées, qu'elle a traité de même, avec dédain.

Non, cela n'était pas la première fois qu'elle utilisait ce fallacieux et frauduleux stratagème.

C'est bien de conscience délibérée qu'elle commis ce grave délit.

Oui, corrompue, Anne LEZER est une malhonnête personne.

La corruption du système judiciaire toulonnais se dévoile

Malgré la gravité et la qualité peu commune de mon agression, et de son passé, et de son devenir avec la rançon, tout autant que ses liens périphériques, tels que ceux avec l'affaire « P.I.P. », je n'ai strictement jamais reçu aucun courrier de la part du procureur de Toulon, Xavier TARABEUX.

Que cela soit pour m'informer de l'état de l'enquête, ou même de qui en avait pris la suite.

Et pour cause, les personnes que j'accuse font partie de la bande mafieuse locale, dont les membres et partenaires ont des fonctions au sein même des instances judiciaires, à savoir le Tribunal de Grande Instance et le Tribunal de Commerce, avec, au surplus, des officiers ministériels sous la forme d'huissiers de « justice », qui complètent la « Dream Team » de salopards.

Xavier TARABEUX fait donc bien parti de cette nomenklatura.

Quant au titre du chapitre, si j'ai écrit du système judiciaire « toulonnais » et non « de Toulon », ce n'est point une erreur de ma part. C'est bien que chaque juridiction a ses propres us et coutumes, ses propres petites habitudes pour traiter les dossiers et les plaintes, faisant fi de la loi et de ses nationales règles procédurales communes.

Une cinquantaine de kilomètres séparent Toulon de Marseille.

Il m'était arrivé, naïf alors, de poser cette question au bureau des juges d'instruction de Toulon, au sujet d'une plainte que j'avais déposée, m'étonnant des manières procédurales différentes de celles que j'avais connues à Marseille concernant une autre plainte.

Il m'a été simplement répondu :

« Marseille, c'est Marseille, et Toulon, c'est Toulon. »

Naïf que j'étais de penser que les mêmes lois régissaient toutes les institutions nationales, d'autant plus celles qui sont censées sanctionner ceux qui ne s'y conforment pas...

M6 et Paris-Match, Faux héros, Vrais vendus

Je suis seul.

Je suis obligé de trouver d'urgence un nouvel appartement pour ne plus retourner chez moi.

Je suis obligé de m'armer, d'avoir autant une arme sur moi quand je sors que quand je dors.

Je dois parer au plus pressé, comme exécuter les tâches prévues lors de ma vie d'avant, mais aussi celles suite à l'agression. Les déclarations et les documents aux autorités et aux assurances, puis, le plus lourd, refaire les documents officiels tels que les papiers d'identité, les permis et les cartes grises, mais aussi les clés, racheter ce qui m'a été volé comme les ordinateurs, et tout cela tout en se méfiant de tout, et de presque tout le monde.

Tout prévoir pour me prémunir d'éventuelles agressions en auto, ou à la sortie de l'appartement, ou les nuits, durant lesquelles je me dois de me barricader, même dans un appartement dont même les amis n'en connaissent pas l'adresse. On ne sait jamais, si je suis sur écoute, ou s'ils sont menacés. Je ne peux même pas avoir confiance aux autorités puisqu'elles peuvent fournir des informations aux autres salopards.

Prendre les plus grandes précautions, pour soi, mais aussi et surtout pour son entourage, afin qu'il soit épargné autant des tracas que des risques.

Cela accroît le sentiment d'isolement. Ce qui est la réalité d'ailleurs...

Avoir l'œil partout, et à tout.

Et puis, s'occuper des affaires courantes, et moins courantes.

Ainsi, dans ce contexte et sous ce climat épuisant, ayant des informations sensibles, importantes et graves quant à l'affaire MAS et « P.I.P. », et le procès s'approchant, j'ai essayé cependant de contacter plusieurs médias et plusieurs journalistes, nationaux, au sujet de cette information concernant les 50.000 implants dans la « nature », vendus au marché noir, et donc les 25.000 potentielles futures victimes.

Ce n'est pas une information insignifiante, ni même légère.

Elle importe sur l'avenir, sur le devenir de personnes.

A l'opposé de ces habituelles « informations » que ces médias procurent essentiellement sur le passé, pour ou contre lesquelles il est trop tard, avec celle-ci, il était possible d'agir et d'éviter une catastrophe et des crimes.

Cependant, aucun média, aucun journaliste, aucun reporter, tous français, aucun d'eux n'a répondu.

Pourtant, j'avais été aussi agressé pour savoir cela et pour en avoir parlé !

Aucun, sauf deux.

Anthony DESPRES, rédacteur en chef du programme d'informations à « M6 Marseille » (chaîne télé), et Jean-Michel VERNE, reporter indépendant, pour, entre autres journaux, « Paris-Match ».

Les deux histoires sont autant pathétiques que différentes, mais parlantes quant à la sale stratégie employée par les représentants des autorités locales, Gendarmerderie du Var et procureurs, à savoir, l'usage de rumeurs, fausses et négatives, à mon encontre.

Depuis quelque temps, j'étais devenu de plus en plus gênant pour de plus en plus de personnes, officielles, et à divers titres, car mes argumentations et mes preuves sur leurs délits ne pouvaient être combattues à la lumière du jour, étant irréfutables.

Et ceux qui oseraient s'y frotter, savaient déjà que j'avais les moyens intellectuels pour démonter aisément leurs fantaisistes propos et leurs argumentations ridicules, d'autant plus que les miens étaient aiguisés de véracité, pendant que les leurs étaient pitoyablement limés sur le plan juridique.

Leur seule parade était d'étouffer les affaires, tout d'abord, en jetant mes plaintes à la poubelle, puis, plus efficace, en les classant officiellement comme irrecevables et incongrues, par la faveur de leur seule « décision » unilatérale, nullement motivée, de ne pas leur donner de suite. C'est absolument illégal !

Leur autre option, qu'ils utilisaient depuis quelques temps déjà, était de me décrédibiliser, non pas en démontant mes démonstrations et mes preuves, mais simplement en me faisant passer pour un illuminé, un débile, un hurluberlu.

Émanant de personnes officielles, d'un statut de magistrat au surplus, ou d'autorités telles que la Gendarmerderie, personne n'allait mettre en cause leurs propos désobligeants, et encore moins chercher l'avantage qu'ils pouvaient tirer de telles absurdes et faciles allégations.

Tout ceci à mon insu, évidemment, afin que je ne puisse contrecarrer leurs sales assertions.

Et comme les personnes destinées à ces sornettes sont moralement médiocres et intellectuellement déficientes, ne me connaissant pas, ne m'ayant jamais rencontré, n'ayant jamais étudié mes argumentations ni mes preuves, elles n'ont pas cherché à en savoir davantage en me demandant, ne serait-ce que « ma » version.

Et je parle de journalistes !

De professionnels !

Bref, des « exemples » à ne pas suivre.

Une bénéfique fainéantise morale et intellectuelle pour les salopards.

Et il y a une raison à cela.

Pour conserver leur carte de journaliste, ceux-ci ne se risqueront jamais à irriter ceux qui la leur délivrent et leur renouvellent, et qui peuvent la leur retirer... Chantage et menace.

Liberté de la presse ?!

Elle coûte, ou plutôt vaut 10% du salaire du présumé « journaliste ».

La nécessité de cette carte réside dans le fait de pouvoir travailler, certes, mais surtout de s'enorgueillir de l'aura du « pourfendeur des mensonges » en les révélant, mais aussi et surtout, de prétendre à un abattement fiscal de 10%... Certains se débrouillent chaque année à la faire renouveler, juste pour bénéficier de cette aubaine.

Ainsi, les journalistes français ne sont en aucune manière des chevaliers, mais des lâches, des vendus à un prix défini.

A la lumière de cette connaissance, il est bien compréhensible que la France soit très mal classée dans la liste mondiale des pays corrompus, n'ayant aucun contre pouvoir médiatique.

Par le passé, pour s'approprier un terrain à Gardanne dont j'étais le propriétaire, un bien immobilier très convoité d'une valeur de plusieurs millions d'euros, ces salopards officiels avaient envisagé de m'éliminer physiquement, en essayant d'entreprendre une procédure d'enfermement psychiatrique !

Oui, vous avez bien lu.

J'y reviendrai tant cela demande un chapitre entier.

Ainsi, se propageaient, à mon insu, de sales propos et de sales considérations. Fausses, bien évidemment.

Certes, ceux qui les écoutaient, n'étaient ni intelligents, ni perspicaces, ni même honnêtes. Des personnes quelconques qui ne méritent rien de bien. Ce genre de personnes qui a laissé faire les déportations, s'en excusant après, du fait que ce n'était pas leurs affaires...

Bref, tous ces professionnels de l'information et de l'investigation ont pris comme parole d'Évangile ce qui n'était que propos de « Judas ».

C'est tellement plus facile, et moins risqué...

La lâcheté a ses avantages,... et ses bénéfices...

J'ai découvert ce que je subodorais déjà de ce stratagème de minables, par des ratages de la part de leurs « écouteurs ».

Ces deux journalistes, d'une part, et une avocate d'autre part. En sus des associations de défense des victimes de « P.I.P. ».

Pour être bref et concis en ce qui concerne ces deux professionnels de l'information...

Le reportage filmé de « M6 », m'interviewant et faisant état de mon témoignage sur cette quantité d'implants mammaires nocifs mis sur le marché noir, voués à causer de nouvelles victimes, d'autant plus étayé par mon agression, fut censuré par le service juridique de la chaîne, sans raison aucune.

Pourtant, ce ne fut pas sans peine du responsable régional d'essayer de leur faire comprendre la valeur de cette information. Prévenir et prémunir de potentielles futures victimes, « M6 » s'en moque. Et comme désormais, ce sont toujours des salopards qui mènent la danse dans les sociétés de lâches, les « juristes » de cette chaîne ont fait leur loi, une désapprobation   bénéfique et prévenante à l'égard de leurs amis, et contre toute morale. Ils ont dénié l'information dans son entièreté. Non pas réduite à un montage partiel, ni même à une note d'information, mais par une censure totale sur même ce qu'il m'était arrivé concrètement !

Quant à l'article publié dans « Paris-Match » peu de temps après, il n'eut pas la primeur de mentionner cette information, cette alerte médicale. Sans « choc des photos » et avec le « poids des mots » couverts, aucune information relatant l'existence au marché noir d'implants déclarés toxiques par les autorités sanitaires internationales, n'a transpiré.

Même pas une ligne, même pas au conditionnel.

Les salauds trouvent toujours une écoute obéissante et veule auprès des médias français.

Si pour le reportage télévisuel, l'avortement n'est pas dû à son représentant local, compétent et professionnel, bref à l'esprit « non-français », qui a tout fait pour le faire passer, la responsabilité de la veulerie ne provenant que des espèces de juristes corrompus de la chaîne, en revanche, en ce qui concerne le reportage papier, et son absente teneur, c'est bien au « grand » reporter « indépendant » qu'elle est attribuée. Il a délibérément refusé d'en parler, par nécessaire couardise, de crainte de représailles, comme il en avait déjà subies par le passé en dévoilant de sales choses politiques, financières, judiciaires, et criminelles qui s'opéraient sur le territoire de la France.

Cela peut se comprendre, en effet.

On ne peut lui en vouloir, il a été maté par le passé, ayant été condamné officiellement par des juges français de tribunaux français... Il en connaissait déjà la musique, déjà écrite.

En revanche, ce qui est minable de sa part, c'est qu'il ne m'ait informé de rien quant à sa « nécessaire » décision, et surtout des sales fallacieuses rumeurs qui circulaient à mon encontre...

Légales tortures physiques et morales mises à la disposition des Procureurs de la République, des Préfets et des Maires

Petit aparté.

J'ai ainsi découvert, déjà en 2013, que les procureurs de la République Française, les préfets et les maires, tous officiels du « pays » des « Droits de l'Homme », avaient tout pouvoir discrétionnaire de faire enfermer quelqu'un par leur seule décision arbitraire, leur seul désir, et ce, sans besoin d'une justification juridique, d'un délit à mettre en exergue, ou d'un jugement, et ce aisément, sans opposition de défense d'un avocat, mais juste avec l'aide supplémentaire d'un certificat d'un seul psychiatre. Il leur est aisé d'obtenir ce genre de complaisant prétexte, que cela soit par la collusion et l'appartenance de certaines « éminences » à la secte maconnique, ou simplement par le faible niveau d'intelligence inversement proportionnel à celui de leur ego, de cette espèce de catégorie de praticiens qui osent se considérer et se faire titrer de « docteur » en médecine.

Utilisant, usant et abusant encore de nos jours de ce 21ème siècle, d'instruments de tortures dignes du temps de l'Inquisition, même si la technique a évolué, l'esprit de perversion est comparable en son acte gratuit commun, ces prétendus « guérisseurs » savourent les mêmes désirs d'assouvissement de leurs pulsions personnelles d'exercer un pouvoir punitif, sous un officiel alibi moral et légal du (pseudo) scientifique, alors que leurs aînés (se) justifiaient ouvertement plutôt du religieux et du politique... Si ce n'est qu'au moins, les salopards du moyen-âge « agrémentaient », certes d'un style hypocrite, la sanction corporelle, d'une question « légitime ».

Ainsi, à notre époque, dans le prétendu civilisé monde occidental, la pratique des électrochocs perdure !

Et cette variété d'individus qui s'auto-congratulent, s'auto-proclament et s'auto-décernent titres et diplômes, se revendique d'une discipline bicéphale dans laquelle les deux doctrines principales se combattent farouchement, pour revendiquer chacune d'elle, la vérité, leur vérité, et donc leur légitimité. Ego, ego...

Quelle plus belle preuve d'absence de bien-fondé !

L'imposture et le charlatanisme prévalent.

Il est à rappeler que l'un des deux dogmes « fondamentaux » a été élaboré par une personne faible, médiocre, tourmentée, perverse et dérangée, FREUD, juif de surcroît. Ce dernier point est important car il démontre le salopard qu'il était, en appliquant sa génétique appétence pour le lucre dans le domaine qu'il prodiguait, malgré le paradoxe moral et scientifique que cela installe, décrédibilisant même son pseudo « travail », et sa prétendue « découverte ».

Égocentrique au possible pour oser prétendre que ses tares libidineuses étaient d'une généralité de l'espèce humaine, alors qu'elles ne sont simplement plus qu'animales, il se gargarisait de son analyse qu'il ne pouvait qualifier que géniale, parfaite, universelle.

Et cela lui permettait ainsi de s'en dédouaner, autant que cela lui permettait de pénétrer de plain-pied dans le monde des personnes « normales ». Il n'était plus un tordu, ni même tordu, il n'était plus un vieillard vicelard, il était un homme quelque peu « ordinaire ».

Au lieu de définir l'Homme par ce qu'il est essentiellement, ce qui l'excluait au regard de ses lubriques préoccupations, il a alors agrandi le cercle, et l'a même déplacé pour intégrer sa concupiscence comme conforme, et donc acceptable.

Il devenait ainsi un « Homme », commun, et donc, excusable, et surtout n'ayant pas besoin de prétendus « soins ».

En devenant une éminence dans un domaine qu'il a créé lui-même pour sa propre aura, il devenait une référence. Et comme on ne discute jamais, on ne critique jamais, on ne remet jamais en doute un étalon, lui-même était à l'abri de tout jugement, ce dernier type de considération transformé alors sous la qualité d'explication justificative. Et par voie de conséquences, tous les pervers de son acabit, et même pires puisqu'il n'y a pas de limites, sont alors absous à priori, de leur travers.

Un bon calcul de sa part, dont il a soutiré, au surplus, célébrité et richesse, ce qui a assouvi d'autre part ses préoccupations secondes, son orgueil démesuré et son goût du lucre tout aussi prédisposé.

Comment peut-on oser généraliser une chose dont l'étude est basée sur sa propre personne et sur les seules personnes qui venaient consulter, et donc présentant évidemment des « problèmes » d'« ano(r)malités ».

C'est à la fois débile, médiocre et surtout non scientifique !

Pour en revenir à nos « chers » procureurs, préfets et maires français, ils bénéficient d'un absolu pouvoir, car, à défaut d'avoir une ordonnance « médicale » en main pour prétexter la suppression d'un individu du monde des citoyens, ils peuvent simplement s'en passer pour rédiger leur oukase.

Sans conteste, la France est bien un pays mené par des salopards dans tous les domaines, politique, judiciaire, financier, fiscal et (pseudo) médical.

Ainsi, je découvrais qu'« ils » avaient le pouvoir d'enfermer n'importe qui, *ad vitam eternam* si besoin était, selon leur seul bon désir, et surtout leur avantage.

Et quelle meilleure formule ?

Bien meilleure que la prison, qui demande des justificatifs (enfin presque...), mais surtout qui oblige la présence d'un avocat et d'un dossier exprimant des actes commis, réprimandables et condamnables, un jugement (et encore, la préventive est un autre moyen illégal contraire à la présomption d'innocence, et aux « Droits de l'Homme »), et qui, quoi qu'il en soit, est bornée dans le temps.

L'internement ne demande ni justificatif, ni preuve, ni légitimité, ni acte, ni jugement, ni condamnation, et n'est contraint par aucune défense obligatoire par la loi, ni par un quelconque « contre-pouvoir ».

Et elle ne donne pas de délais libératoires. Ce dernier point étant l'outil parfait pour un chantage.

Avec le grand avantage non négligeable que la privation de liberté peut être entérinée, sans moyen d'opposabilité, ipso facto.

Et au surplus, une double cerise sur le gâteau.

D'une part, la personne est décrédibilisée à vie, et ses propos seront toujours considérés comme divagants et impropres à la bienséance mentale commune.

Et d'autre part, ils ont tous les moyens à disposition pour vous détruire physiquement et cérébralement, autant par les « médicaments », sans contrôle et sans preuve de leur efficacité, notamment pour guérir ce dont vous ne souffrez pas..., que par les harcèlements en isolement, en camisole et en électrochocs.

Les substances injectées sont souvent à titre expérimental sur ces cobayes humains qui ne pourront jamais se plaindre, et les pratiques moyenâgeuses de convulsion provoquée par l'électricité sont pourtant sans fondement scientifiques, et pour cause, elles provoquent des lésions neuronales !

Ils sont d'une débilité absolue, en sus d'une abjection morale et médicale !

En revanche, autant les substances que l'outil de torture sont d'une efficacité sans faille pour vous soutirer tous les aveux, tous les accords nécessaires, et vous faire obéir..., notamment pour vous faire taire.

Et comme tout ceci est sous le sceau de l'« officiel », accrédité par celui du (pseudo) médical, au surplus de ce qu'ils ont obtenu de vous, ces actes criminels gargarisent de satisfaction perverse par leur démonstrative massive domination, ceux qui vous ont mis dedans, les commanditaires...

En ce qui me concerne, j'ai entrevu leurs pièges basés sur cette méthode, qu'ils ont opérés en octobre 2011 et fin 2011-début 2012. Et je les ai évités, notamment le second en partant de France, déjà alors pour des raisons de sécurité.
Ces tentatives avaient été entreprises par Danièle NATTA, doyenne des juges d'instruction et vice(terme approprié)-présidente du Tribunal d'Aix-en-Provence, son cher procureur complice, Dominique MOYAL, et son sous-fifre Pascal GUINOT, ce, afin que je retire mes plaintes pénales concernant les délits, entre autres, de faux et d'usages de faux, de la part d'huissiers véreux locaux, et notamment Michel MATHIEU.

J'ai découvert alors que, pire que Marseille et Toulon, Aix-en-Provence couvait en ses murs la pire vermine du système judiciaire, non pas du département, mais de toute la région, avec au surplus un pouvoir accru par la présence de son omnipotente sale Cour d'Appel...

Nota Bene: J'ai écrit le présent témoignage en 2013/2014.

Fin 2018, il m'arrivera de subir cette méthode de « suppression » des personnes...

Apparemment, la législation sur les méthodes d'internement aurait certes changé depuis 2013, mais les mêmes procédés malhonnêtes, pervers et pernicieux sont toujours d'usage, déviant les textes de lois de leur substance morale et de leurs « garde-fous » (sic) disciplinaires...

L'internement abusif existe toujours. Il est de plus en plus pratiqué en France. Cherchez sur internet, les témoignages sont pléthores.

« Abusif » est un politiquement correct euphémisme, puisque vous remarquerez que de tels usages, que de telles pratiques, que de tels constats sur de prétendus problèmes mentaux, ne sont établis uniquement que sur les propos de la personne mise à l'index, et jamais quant à son attitude et/ou ses actes qui restent toujours banals.C'est bien le discours qui est sanctionné.

Ainsi donc, et sans conteste aucun, le délit d'opinion est caractérisé en France, au grand dam des fondamentaux des « Droits de l'Homme ». Des obligations morales bien contraignantes que les français-macons réprouvent en réalité, mais qu'ils portent fallacieusement en étendard, comme alibi, comme preuve de ce qu'ils prétendent être, afin de se montrer sous un autre aspect, opposé, que celui qu'ils sont réellement.

L'« Internement (abusif) de type Français » est de la même méthode juridique dictatoriale que les pouvoirs totalitaires usent, de type Stalinien ou Maoïste.

Voir mon autre livre témoignage :

*« **2018, FRANCE, VAR : Internement Abusif à Buts Politique, Religieux et Dogmatique ».***

La piètre qualité morale des associations de défense des victimes « P.I.P. », et de leurs avocats

Les associations de défense des victimes de Jean-Claude MAS et de ses acolytes au sein de la société « P.I.P. », se moquaient bien des futures victimes, comme des actuelles.

Leur seul objectif était celui de leur propre petite personne. Elles niaient tout le reste.

Leurs avocats respectifs leur avaient passé la consigne de ne surtout pas considérer mes propos, pouvant cependant être utiles pour des tractations personnelles et confidentielles, sous forme de chantage. La pratique classique des avocats...

J'avais pourtant contacté directement Philippe COURTOIS, qui n'est pas synonyme de « courage », qui, après avoir eu des précisions sur ce dont je l'informais, a fait la sourde oreille...

Il y eut aussi Christine RAVAZ (oui, elle dont j'ai précédemment parlé), qui a eu une attitude plus qu'étrange à mon égard, mais dont la seconde lecture avec un recul nécessaire, permet de comprendre les menaces et les coercitions que peuvent exercer les mafieux toulonnais en cheville avec les procureurs de cette ville et de Marseille.

Je vais faire simple puisque les faits sont exprimés dans ma lettre à l'« Hollande », le président français, pas le pays.

Durant le plus grand procès de toute l'histoire de Marseille, si grand qu'il avait dû être délocalisé dans un espace approprié pour recevoir toutes les nombreuses victimes des « quatre coins du globe », plusieurs centaines, j'avais appelé Christine RAVAZ, qui était alors très intéressée et enthousiaste pour divulguer cette grave information.

Son engouement portait à la naïveté par la suite donnée.

En effet, elle pensait que le procureur en charge du dossier était intègre.

Jacques DALLEST, Procureur au tribunal de Marseille, intègre ?!

Quelle idée ! Quelle naïveté, quelle incompétence en tant qu'avocat de ne pas connaître la vénalité ou la droiture des magistrats fréquentés.

Bref, de son ardeur qui me proposait un rendez-vous pour mettre au point une déclaration au procureur durant le procès en cours, elle a viré à un « lapin ».

Le matin du jour du rendez-vous, un dimanche puisque l'urgence faisait qu'il fallait se préparer pour le lendemain, ouverture du fameux médiatique procès, j'ai dû l'appeler pour connaître l'heure et le lieu.

Impossible à joindre, elle m'a cependant répondu par un sms qui me disait que le rendez-vous était annulé, presque comme s'il n'avait pas été prévu, comme si le sujet était secondaire, bénin, voire obsolète.

Vu son attitude, peu professionnelle, mais surtout irrespectueuse et impolie, je lui ai rappelé, par courriel, l'historique de nos échanges, son insistance à me rencontrer au plus vite, puis son soudain et brutal changement d'orientation, au point de, presque, faire comme s'ils ne s'étaient jamais produits.

Et en retour, en lieu et place d'excuses, d'explications ou d'un simple report dans l'agenda, elle m'a suggéré de me faire soigner, en domaine psychiatrique s'entend, affirmant même que tout le monde le savait, que tout le monde le pensait et me considérait comme un « fou », mais que personne n'osait me le dire.

Étonnant, non ?

Plutôt satisfaisant à plus d'un titre.

Une révélation de ce qu'il se tramait à mon insu.

Ce revirement soudain ne peut provenir que de menaces et de conseils avisés, à suivre assurément.

Elle vit à Toulon, et son destin professionnel dépend de cette juridiction...

J'étais donc dans le vrai, sinon pourquoi agiraient-ils de la sorte en me faisant passer pour ce que je ne suis pas ?

C'est bien qu'ils n'avaient aucun argument juridique à présenter pour contrecarrer mes preuves...

Nous en sommes à la seconde démonstration, certifiée, de la campagne de décrédibilisation à mon encontre, assortie de menaces sous-jacentes.

Cela prouve, d'une part, que ce que je dénonce est su de beaucoup de personnes, et non des moindres, de notables et de magistrats du cru, mais aussi et surtout, d'autre part, que ceux qui voudraient « les » combattre, sont dans l'incapacité judiciaire de le faire, assortie de la crainte pour leur sécurité, ou du moins pour leur carrière.

Toulon reste un village où il n'y a pas de contre-pouvoir, même au niveau de la pègre...

Il est à rappeler que la bande que je dénonce et que je combats, est celle qui a commandité, en 1994, l'assassinat d'une députée, Yann PIAT. Il est certain que s'« ils » sont capables d'éliminer une députée pour ce qu'elle était prête à dénoncer, la corruption locale, une avocate a encore moins de moyen de protection, si ce n'est que de se taire...

Ce qui est « amusant » en ce cas de me considérer comme un « fou », même si ce terme est tabou pour les « professionnels » « neuneus » tentant de prodiguer de prétendus « soins » en ce nébuleux domaine, c'est qu'alors, pourquoi donc mes plaintes font-elles l'objet d'une considération telle, au point d'être déclarées « classées sans suite », ce qui sous-entend une analyse, et donc une attention pertinente induisant une officielle ordonnance. Et ce, plusieurs mois après, ce qui démontre qu'elles sont cependant conservées, alors que la presque totalité des plaintes de toutes les victimes finissent dès leur réception, à la poubelle, si tant est qu'elles fussent lues...

Ordonnances qui ne font certes jamais état d'une justification d'une telle décision arbitraire, d'aucune nature, juridique, circonstancielle, judiciaire, ou argumentaire !

Or, si j'étais un débile propageant de fausses accusations, de faux faits, de fausses allégations, de fausses preuves, de faux arguments, de fausses argumentations, et en l'espèce de la part d'un « fou », des propos insensés et/ou incohérents, il serait alors aisé à ces procureurs, de les énumérer pour asseoir leur péremptoire commune décision, ornant avec légitimité et salut leur démonstration professionnelle.

Et force est de constater, preuves à l'appui, qu'aucun ne s'est risqué à m'opposer un discours intelligiblement et moralement appètent pour la discussion juridique ou judiciaire.

Dans leur généralité, la plupart des plaintes, et j'en sais quelque chose, sont purement ignorées et ne font même pas l'objet d'un enregistrement de la part des parquets, manifestant un dédain, certes, mais surtout un manquement au vu du droit procédural français.

Si mes plaintes émanaient d'un simple d'esprit, elles n'auraient même pas à être considérées.

Or, pour être classées sans suite, elles ont bien été étudiées, même si leur fond ne trouvait pas « preneur » et n'était pas discuté !

Et en ce qui concerne les affaires en cours, pour lesquelles j'ai dû verser des consignations pour obtenir la nomination d'un juge d'instruction, pourquoi sont-elles retenues ?

Et si j'étais atteint de folie, il leur serait facile de balayer mes dénonciations, mes témoignages, mes plaintes, mes arguments et mes preuves, en les reprenant et en les mettant en défaut, un à un.

Or, aucune de toutes mes plaintes pénales, et elles sont nombreuses, et auprès de plusieurs juridictions, aucune n'a subi ce sort de dissection juridique les démontant point par point.

Si j'étais un débile, je ne ferais pas des affaires, immobilières et autres, et par dessus tout, je ne leur serais pas gênant...

La confirmation de la conformation de la corruption du système judiciaire à un niveau (au moins...) régional

« P.I.P. ». Les trois lettres du démon Jean-Claude MAS.

La bande d'affreux de la région toulonnaise a en charge la commercialisation, occulte évidemment, de 50.000 implants mammaires.

Des produits sanitaires déclarés toxiques par les instances internationales, et contre lesquels a été instruite une affaire pénale de grande envergure, qui a conduit au plus grand procès de l'hexagone, et sur un plan international, qui a eu lieu du 17 avril au 17 mai 2013 à Marseille.

Ces prothèses nocives, interdites à la vente, ont été détournées, ou volées, ou « oubliées » des autorités en charge de l'enquête, mais aussi de celles du séquestre des pièces à conviction, et de celles de la surveillance sanitaire au titre des produits à détruire.

Il y a aussi l'huissier qui a la responsabilité de l'inventaire et de la saisie du stock au regard de la mise en liquidation de la société...

J'avais cette information depuis des mois, et j'ai essayé de la diffuser.

Les journalistes français, toujours « grandes gueules » pour se montrer tels des héros, au bénéfice de la renommée du fameux « Prix Pulitzer », en référence au film « *Les Hommes du Président* », font, en définitive, pâle figure dans l'hexagone. Ils ont l'immense courage de dénoncer ce qu'il se passe à plusieurs milliers de kilomètres, mais quand il s'agit d'œuvrer sur notre territoire, où ils sont sensibles à la garantie du confort de leur petite vie, ils ont plutôt la « sale gueule » morale des veules et des imposteurs.

Ils ne dénoncent jamais rien, ayant toujours la peur chevillée au corps, le plus souvent sans raison ni alibi juridique.

Quant aux « spécialistes » pourfendeurs des sinistres desseins, ils ne sont que les instruments de certains politiques, de certains syndicats, de certains religieux ou assimilés, de certains mafieux. Il n'y a qu'à voir les sujets orientés de « Médiapart », du couple « Davet et Lhomme », etc. Leur leitmotiv n'est que la vente de leur journal, et/ou de leur livres. Et en aucune manière, une tendance morale et intègre.

Certains craignent la probable poursuite en diffamation, qui est abusivement utilisée certes, en toute impunité, et même garantie par les magistrats « affranchis », comme arme de dissuasion contre ceux qui osent révéler la vérité. Mais, où se trouve l'honneur de cette profession qui filtre et qui occulte les circonstances et les faits dérangeants qui mettent au jour les membres de la sale organisation, en partenariat avec les mêmes sales « frères » juges ?!

A leur décharge, par un certain axe, ces « journalistes » ont raison sur ce point.

Et en ce domaine particulier, je peux attester, témoigner et prouver que le juge Joël BOYER, en charge de ce type d'affaires au tribunal de Paris, accepte les faux, les fausses déclarations et les faux témoignages, mais aussi qu'il commet de graves et frauduleuses entorses aux règles procédurales, et qu'il fournit des ordonnances de complaisance ; à ses amis, évidemment.

Cet individu est aussi vice-président de ce tribunal...

J'ai déposé une plainte pénale contre lui, mais, face au refus du parquet de l'instruire, malgré les preuves irréfutables et accablantes, trop même, j'ai été dans l'obligation de me constituer partie civile, ... cependant, elle a été enfouie par le doyen des juges d'instruction et le procureur, alors que j'ai dû verser, en tant que victime, une consignation de 2000 euros !

Vive La FRANCE !

Un pays des « Droits de l'Homme » où les victimes doivent payer, et d'une somme conséquente, pour obtenir l'enregistrement d'une plainte ! Une plainte qui ne sera, en définitive, que déplacée dans un autre tiroir qui porte la même étiquette de « Procrastinations ».

Quel meilleur moyen de dissuader les plaignants, en leur promettant qu'ils agissent en pure perte, comme la consignation d'ailleurs, qui partira aux oubliettes...

Pour en revenir aux journalistes français, ne rien dire d'autre que les versions officielles est leur credo.

Cela relève à de la lâcheté, à de la plus profonde obséquiosité, et à de l'imposture quant à leurs valeurs morales.

50.000 implants dans la nature représentent 25.000 futures victimes !

Mais les autorités françaises, comme les journalistes français, s'en moquent éperdument, vu que leur commercialisation se fera sous d'autres cieux, et que les opérées ne seront pas françaises !

Un bien bel état d'esprit et une bien belle manière d'honorer les notions des « Droits de l'Homme » !

Sans doute, ceux de certains hommes, et de leurs valeurs morales sonnantes et trébuchantes...

Et puis, ces futurs sévices ne toucheront que des femmes...

En définitive, ces textes déclaratifs ne sont qu'un étendard porté au plus haut par les salauds officiels pour se dédouaner, aux yeux de tous, de toutes les saloperies qu'ils commettent, ou qu'ils laissent commettre en tout impunité, toujours avec une compensation...

La « Françafrique » en sait quelque chose... J'y reviendrai.

Si tout ce que j'exprimais jusqu'alors, laissait croire en une influente prévarication au sein de chacun des tribunaux, de Toulon, de Marseille, d'Aubagne, d'Aix-en-Provence, aucun lien solide n'apparaissait pour laisser présager, non pas une corruption « individuelle », mais bien tout un réseau, étendu à la fois géographiquement, mais aussi interprofessionnellement.

L'avant, le pendant et l'après de mon agression ont démontré que les parquets de ces tribunaux, aidés des autorités, police et gendarmerderie, se serreraient les coudes, et étouffaient à la fois, sa nature et ses proportions, et ce, malgré l'amoncellement de mes découvertes et la dénonciation de nouveaux acteurs de cette sale organisation criminelle.

Pour en revenir à ces malsains implants, s'il s'avérait que cela soit vrai, de nombreuses personnes « respectables » auraient des réponses à fournir quant à des questions embarrassantes...

Ainsi, en sus de l'argent en jeu, il est compréhensible que les personnes qui sont censées les rechercher, ne le fassent pas... Gendarmerderie, en premier...

Quoi qu'il en soit, il est certain que cette information est authentique, puisqu'elle n'a donné lieu à aucune enquête, à aucune recherche de leur part, ni même à aucunes prémices...

C'est bien la preuve qu'ils savent que c'est la vérité.

Sinon, si les autorités, gendarmerderie en premier, n'étaient point en situation de telle certitude, d'autant plus « gênante », elles auraient diligenté une enquête sur, quoi qu'il en soit, de graves faits d'une importance sanitaire internationale.

C'est de leur responsabilité première d'ouvrir une instruction, ne serait-ce que préliminaire, pour toute suspicion, d'autant étayée par un témoignage, de surcroît d'une personne qui avait subi des exactions physiques, et au sujet de produits médicaux, chirurgicaux, et dont l'existence de leur production était bien établie, comme leur toxicité.

Ces systématiques désobligeantes attitudes, d'opiniâtre négation, d'absence délibérée de considération, d'insistance de décrédibilisation médiatique, démontrent aussi que les faits délictueux poursuivis contre le MAS et ses acolytes de « P.I.P. », étaient biens connus des autorités auparavant, et que ces dernières n'ont qu'entrepris des mesures judiciaires que par autoprotection, suite à une obligation et une nécessité créées par la propagation à l'international du « sinistre » par les victimes étrangères...

Toutes ces autorités étaient au courant, et comme toute immunité n'est point gratuite, les responsables de celles-ci, les procureurs de Toulon et de Marseille, et certains gendarmes, étaient impliqués dans le trafic, par corruption, s'entend, de surcroît, en bande organisée.

Il faut préciser que ce commerce officiel servait principalement de façade à du blanchiment d'argent de très grande envergure, pour, entre autres « organisations », la mafia italienne...

Épilogue...Provisoire

Pourquoi tant d'empressement à me faire taire ?

Je savais trop de choses, et j'en découvrais de plus en plus.

Et, en ce qui concernait l'affaire de Cuers, c'était la seule qui nous liait officiellement, et donc, qui me laissait toute légitimité pour parler, pour porte plainte, pour dénoncer.

Aussi, il leur fallait la « boucler ». L'affaire comme ma gueule.

Cette situation était sous un contexte difficile à mettre en défaut en décrédibilisant mes déclarations, car il serait ardu de me faire passer pour un affabulateur, un débile, un mythomane, alors que j'avais signé un compromis par devant notaire, ce qui attestait tacitement de mon esprit sain.

Ainsi, l'urgence d'agir venait tout d'abord du fait que la transaction restait officiellement en cours par le compromis, et assoyait le bien fondé de ma plainte.

Ensuite, la bande avait dû trouver un acquéreur pour me remplacer, classant ainsi définitivement la cession, et rendant sur ce point, certes illégalement et frauduleusement, obsolète ledit compromis, et l'escroquerie et la crapulerie qui s'y rapportaient.

Et je suppute aussi que la notaire a dû anticiper ce transfert au point qu'elle avait dû déjà faire signer l'acte authentique aux autres acquéreurs.

Il est à savoir qu'un notaire, sous peine de pénalités et de tort, doit déposer à l'enregistrement des hypothèques tout acte authentique dans les deux mois suivants la signature.

L'intervention d'intimidations, de menaces et de la fausse substitution datent du 13 février.

Il n'est pas stupide de penser que cet empressement avait pour but de pouvoir signer la vente avec une autre personne, dans la foulée, vers le 15 du mois.

L'ayant contestée, la substitution déclamée comme fausse, a mis en porte à faux et en péril la situation de la notaire Pascale BRANCHE, ainsi que celles de toute la clique du notariat du cru.

Un peu plus d'un mois après, et environ trois semaines avant cette date fatidique des deux mois après la mi-février, j'étais agressé...

A titre financier, les notaires, comme les huissiers, sont cautions solidaires...

Aussi, il est certain que dans ce contexte hasardeux et coûteux, la motivation pour recourir à l'étouffement des délits de leurs pairs, même par d'autres délits, mêmes criminels, est plus qu'intéressante, elle est nécessaire...

Par ailleurs, depuis fort longtemps déjà, j'étais connu de tous ces salopards, mâles et femelles, aux fonctions officielles, et qui font parti évidemment du cloaque de la Française-Maconnerie.

Suite à mes nombreuses dénonciations publiées et à mes multiples plaintes pénales à leurs endroits, toutes étayées de preuves irréfutables et animées d'argumentations sans faille, relevant au surplus les leurs, nombreuses et médiocres, je combattais sans cesse ces bêtes, qui ne sont même pas des animaux.

Ces sales individus gravitant autour et auprès des tribunaux de Marseille, d'Aix-en-Provence, d'Aubagne, et de la Cour d'Appel d'Aix-en-Provence, magistrats et avocats dans le même « sac », tous me considéraient, me traitaient, me considèrent toujours, et me traitent toujours, de « NUISIBLE ».

« Nuisible » pour leur cause, pour leurs sales activités, pour leurs fausses bonnes réputations de bonnes personnes, bref, nuisible pour la fausse vérité qu'ils persistent à répandre tout en dissimulant ou défigurant l'authentique dérangeante, nuisible à leurs petits arrangements entre frères de caniveau, nuisible à leurs avantages et bénéfices mutuels consanguins, nuisibles à leur entreprise commune de spolier ceux que ne sont pas de leur secte, et plus particulièrement, les plus faibles.

Je mettais l'authentique vérité au grand jour, et leurs turpitudes avec.

J'étais devenu depuis plusieurs années, la cible à abattre, ayant obtenu le noble statut par rapport à eux, d'une promotion en le substantif d'« un Nuisible », et non plus d'un simple et vulgaire qualificatif de « nuisible ».

Une telle nomination provenant de la part d'enculés, de salopards, de bâtards, de médiocres, de « trous-du-culs », de sous-merdes, de bêtes immondes, ne pouvait être prise par un homme du « Bien », que pour un titre honorifique.

Un tel homme ne peut être que fier d'être considéré de la sorte par des individus de la sorte (sic) qui cohabitent dans une porcherie morale.

Pour revenir à la nécessité d'une telle urgence à agir, le FUSINATO avait la connaissance de la qualité frauduleuse des 3 affaires qu'il m'avait proposées.

Sur le papier, financièrement, elles étaient de très bonnes affaires, environ un million à gagner.

Si on peut comprendre que le ramassis de crevards de la bande ne pouvait pas réaliser ces affaires personnellement pour, officiellement, « un manque de trésorerie », il ressort en revanche, que le FUSINATO en avait la couverture financière nécessaire pour les opérer, du moins une ou deux. Et s'il n'en a réalisée aucune, faciles qui plus est, c'est bien qu'ils les savaient « poisseuses » et dangereusement traçables sur le plan judiciaire.

Le FUSINATO a bien délibérément essayé de me fourguer, à mon insu, des recels d'extorsions.

La question en suspens, est de savoir si, en définitive, ces « bonnes affaires » n'étaient pas plutôt des chausses-trappes afin de me coincer et d'avoir quelque chose à « négocier », au jeu du chantage, dans le but de me faire taire quant aux diverses et multiples plaintes pénales que j'avais déposées par le passé, et donc, sur ce que je savais d'eux tous.

N'ayant rien à me reprocher et à me gêner judiciairement, la possibilité d'un piège est plus qu'envisageable, notamment au vu des multiples connections et des diverses crapuleuses activités de cette organisation criminelle et mafieuse qu'est la Française-Maconnerie, d'autant plus celle de la région PACA...

Corruption, Lâcheté, ou Fainéantise des autorités : même résultat bénéfique pour les crapules

Ayant découvert à mes dépens, la corruption collusive et complice de la Gendarmerderie du Var, et peut-être même des Bouches-du-Rhône, en tentant vainement de faire avancer l'enquête, mais aussi d'obtenir une protection, j'ai tenté de court-circuiter les salauds de la juridiction toulonnaise, procureurs inclus.

Aussi, j'ai déposé une plainte supplémentaire au commissariat de La Ciotat, la commune voisine de celle où j'ai été agressé, mais qui se trouve dans les Bouches-du-Rhône.

En mentionnant les noms des protagonistes, l'officier de police, très intelligent (sarcasme), contacte le procureur de Toulon, en lieu et place de celui de Marseille qui est de sa propre juridiction, et au titre de laquelle, pourtant, il a l'obligation procédurale d'en référer, et spécialement parce qu'un des commanditaires que je dénonçais résidait dans cette même cité balnéaire.

Bien entendu, les commentaires du varois d'adoption furent cinglants, et l'affaire fut étouffée dans l'œuf...

Je comprends alors que, si la corruption n'anime pas la police de La Ciotat, c'est bien la fainéantise, la médiocrité et la bêtise qui prennent le pas, même sur la loi et ses règles procédurales. Le parti d'en faire le moins possible...

Les « habitants » du commissariat de La Ciotat n'en sont pas à leur première pour couvrir les frasques des personnes bien placées, comme les huissiers, contre lesquels ils refusent systématiquement de prendre les plaintes de leurs victimes...

Je ne sais pas si leur credo est d'en faire le moins possible, ou de couvrir les notables locaux par un asservissement rentable, mais il est certain que leur fainéantise, ou leur veulerie, ou leur corruption, profite toujours aux mêmes, aux salopards. Et handicape toujours les mêmes, les faibles et les pauvres.

Il est intéressant de noter que cette charmante petite ville est sous l'emprise d'une sale bande de maghrébins qui fait la pluie et le beau temps en matière de loi, vendant drogues et armes au nez et à la barbe (sic) des autorités.

Les flics de cette ville se terrent dans le commissariat, craignant pour leur sécurité !

Face à leur quelconque couardise, c'est la Brigade de Répression du Banditisme (BRB) du Var, le département voisin donc (!), qui se déplace en cas de « problèmes ». Et d'Ollioules à La Ciotat, la distance autoroutière est d'environ une trentaine de kilomètres... L'efficacité d'action et de réaction de la part de ceux qui sont censés nous protéger est plutôt hypothéquée, et ce, à nos seuls dépens. Et les malfrats ont tout le loisir de se repaître joyeusement de leurs forfaits !

En tant que victime, agressée, ou autre, vous avez tout le temps de vous faire achever.

Pour la petite anecdote, je me suis fait attaqué en plein jour, un après-midi, à La Ciotat, dans une station service bien fréquentée. J'ai pu, certes, appeler avec mon mobile la police de ce commissariat, pendant l'agression, mais ces « forces de l'Ordre » ne se sont même pas déplacé, attendant que je puisse m'enfuir, tout en me conseillant, toujours par téléphone, d'aller à l'hôpital avant de venir chez eux pour déposer plainte, afin d'avoir un certificat médical !

La lâcheté de la police de La Ciotat !

Et même après ma plainte, il y eut de petits arrangements entre les flics et ceux qui m'ont agressé, retrouvés alors parce que j'avais noté le numéro d'immatriculation de leur automobile, et nullement par leur enquête, alors qu'il y avait des témoins/clients, et un système de vidéo-surveillance. L'employée de la station service « ELF-TOTAL » était complice de l'agression, sœur d'une des racailles. Elle n'a pas été inquiétée par la « Justice »...

Par ailleurs, j'ai informé la direction générale du pétrolier, à Paris, qui n'a daigné répondre.

Rien de bien étonnant quand on connaît le sale et crapuleux passif, et actif, de cette société et de ses responsables idoines, notamment en Afrique...

Les circonstances de la suite judiciaire de cette affaire ont été assez rocambolesques, et même décevantes.

Et en ayant appris la leçon par les lâches de ces autorités, lorsque, bien plus tard, dans cette même sale ville, j'ai été témoin d'un racket organisé par la même bande de merde de maghrébins, brandissant d'une manière aussi ostentatoire que vaniteuse une kalachnikov dans une pizzeria de vente à emporter, où j'étais un client régulier, je n'ai pas alerté les autorités.

Enfin, « autorités »...

Je savais, par expérience, ce qu'ils n'auraient pas fait.

Voilà comment cela se passe dans cette région.

Voilà comment tous les représentants de l'état français dégoûtent les honnêtes gens de faire leur devoir, de faire le devoir de ces flics et gendarmes, qui ne se gênent cependant pas de se gargariser d'eux-mêmes devant les médias...

HSBC France, l'officielle banque utile et complice des « malfrançais » (= malfrat français)

Pour la banque « HSBC », la FRANCE n'est qu'un territoire parmi tant d'autres, pour y exercer et délocaliser malversations et autres juteuses manipulations financières.

Être omniprésent est nécessaire, et participer activement aux mouvements occultes de trésoreries en tant qu'acteur clé, est primordial.

L'illégalité est ce qui rapporte le plus.

Un service « spécial » personnalisé se facture toujours d'un rendement bien plus élevé que les pré-tarifés frais bancaires ponctionnés au client lambda.

Les banquiers suisses le savent bien, la confidentialité a un prix qui n'est pas réglementé, et au nom de laquelle ils en tirent des bénéfices depuis des lustres.

Je découvrirai ultérieurement que des comptes bancaires privés sont ouverts et gérés au Royaume-Uni par « HSBC UK », occultés alors parce qu'ils sont d'une autre devise que la Livre Sterling.

Je découvrirai aussi par la suite, par les médias américains, que « HSBC USA » « était » mêlé aux cartels de drogues pour des blanchiments de gros volumes d'argent. Et en ce qui me concerne, j'ai pu voir que cette branche outre-atlantique a fait le nécessaire pour me gêner quelque peu et pour récolter des informations personnelles à mon sujet, quand je me suis installé en Californie.

En ce qui concerne celle d'en France, depuis l'implication locale jusqu'à sa direction générale parisienne, en passant par tous ses petits acteurs principaux tels que les simples directeurs d'agence, « HSBC » est impliqué dans un vaste réseau de trafics internationaux.

Et au titre de ces sujets frauduleux et crapuleux, ni la banque, ni ses responsables juridiques ne sont inquiétés par les autorités françaises... Cherchez pourquoi...

Pour déterminer, préciser et prouver le niveau d'implication, voici la missive que j'adressais alors à MM. Samir ASSAF et Jean BEUNARDEAU, respectivement Président et Directeur Général de « HSBC France », par laquelle je les informais des fraudes et des malversations entreprises par leurs représentants et responsables de l'agence de Toulon.

Une notification formelle à laquelle aucun d'eux n'a trouvé de pertinence juridique ou morale d'y répondre...

Leur mutisme a matérialisé la preuve évidente de leur parfaite connaissance en l'existence de ces pratiques illégales, et même qu'elles en étaient si courantes...

« Objets : Notifications de graves délits pénaux
(subornation de témoin, chantage, entrave à la manifestation de la vérité, émission et diffusion de propos diffamatoires et calomnieux, intention de nuire, etc.)
Notifications de délits bancaires et de fraudes,
Mise en demeure avant dépôt de plainte pénale

Monsieur ASSAF et Monsieur BEUNARDEAU,

au printemps dernier, étant en voyage à l'étranger et en cours de transport (aérien), dans l'impossibilité d'entrer en relation avec votre Centre d'Appel, je demande par email à la personne en charge de mon compte à l'agence de Toulon, un simple renseignement au sujet du fonctionnement de la banque HSBC, ce, pour l'avoir dès mon arrivée.

Il m'est répondu par Emmanuelle OTT, d'appeler le Centre...

Sur ce, je lui fais seulement mention de l'inutilité de sa réponse, notamment pour avoir obtenu par mes propres moyens sur place en Angleterre, le renseignement qui se trouvait être en définitive, simple.

Mais ma cela n'a pas plu à la petite madame.

Depuis lors, elle ne répondait plus à mes requêtes, et, suite au regretté départ de la compétente et professionnelle Florence GOUEZO, la seule qui était toujours présente, à la fois professionnellement et aimablement, était Catherine AMANTE.

Le 20 juin 2013, je lui demande un rendez-vous pour l'ouverture de compte de mon SCI (Le Marroun), déjà connue pour avoir déjà eu un compte l'année dernière, et pour un dépôt de chèque. Je lui demande aussi les documents à fournir, puisque le siège social avait changé d'adresse et de greffe. Aucune réponse !

Etonné, je me trouve dans l'obligation de me déplacer à l'agence, à l'improviste, le 24 juin. Catherine AMANTE m'informe qu'elle avait bien reçu mon email et qu'elle l'avait transféré à Emmanuelle OTT, ce que je voulais éviter, me doutant qu'elle me « snoberait ». Catherine AMANTE alla s'enquérir auprès de la « chef » pour demander la marche à suivre. Il m'a été proposé de revenir ! Face à mon insistance de n'avoir pas que cela à faire, Catherine AMANTE fit de son mieux pour faire le dossier d'ouverture de compte, servant d'intermédiaire avec E. OTT qui ne se déplaça même pas.

En même temps, je donnais un chèque de mon notaire, Me Eyrolles, pour un montant de 4142,98 € destiné à l'encaissement sur ce compte de la SCI, n'ayant pas le loisir de revenir de maintes fois à Toulon. Une banque est faite pour faciliter la vie de ses clients, et non pour la lui compliquer.

Un rendez-vous était pris pour deux jours après afin de signer les documents. Je n'appréciais guère l'accueil qui m'était réservé par E. OTT de me faire déplacer plusieurs fois, tout simplement parce qu'elle n'avait pas daigné me donner un RV au préalable.

Le 25 juin, il m'est confirmé par email l'ouverture du compte.

Le 27 juin, je signe les formulaires relatifs à l'ouverture de compte, et la fourniture d'aucun document supplémentaire ne *m'a été demandé.*

J'émets l'ordre de virement de 4000 € depuis ce compte de SCI vers mon compte personnel, n'ayant pas le loisir de revenir dans l'immédiat à l'agence.

Ce même jour du 27 juin, j'émets un ordre de virement de 15155 € depuis mon compte courant personnel vers un compte destiné à une acquisition. Si j'opte pour cette voie, payante, plutôt que de celle par internet, c'est bien pour avoir une réactivité immédiate. Un paiement est souvent soumis à un délai, et des retards peuvent occasionner des préjudices avec les conséquences qui en sont induites, pouvant être graves, comme la perte de l'affaire, mais aussi des arrhes versés.

Le lendemain, n'ayant pas de nouvelles apparentes des virements depuis l'accès à mon compte sur internet, je demandais par email à Catherine AMANTE l'état d'avancement de l'encaissement du chèque et des virements.

Il m'a alors été informé que l'ouverture de compte de la SCI avait été refusé, sans motif déclaré, et que le chèque me serait remboursé après les délais d'encaissement en vigueur.

Je suis étonné du grave délit commis, l'encaissement d'un chèque sur un compte qui n'a jamais été existant, ou alors par un personne (morale) qui n'est pas celle inscrite sur ledit chèque, à savoir HSBC FRANCE par l'agence HSBC Toulon.

Aucune raison ne fut évoquée à ce soudain refus.

Je demande donc par email, le nom des responsables de ce fiasco et aussi, à changer d'agence.

Le week-end, j'envoie une plainte (réclamation) à votre siège par le biais de votre site internet. J'espérais qu'elle trouverait, en toute logique et au regard des graves problèmes, délictueux, la destination au sein de la direction générale d'une personne responsable et hiérarchiquement supérieure aux responsables de l'agence de Toulon.

Mais, j'ai appris que mon email avait été transmis à l'agence de Toulon, directement aux personnes incriminées ! Très efficace vos services de réclamations et de plaintes. L'envoi pour traitement a été fait aux personnes mises en cause !

Le lundi 1° juillet, je contacte à nouveau votre Centre d'Appel, et je demande un rendez-vous avec le directeur de l'agence afin de récupérer tous mes documents confidentiels concernant mon SCI. Jean-Yves GILBERT m'appelle le jour même pour le convenir au lendemain au matin, m'indiquant qu'il me donnerait alors un chèque de remboursement.

Le 02 juillet, Jean-Yves GILBERT, directeur de l'agence de TOULON me reçoit vers les 9h. Il me remet un chèque de banque de l'agence, daté du 27 juin... Étrangement, la veille du jour où Catherine AMANTE me disait qu'il fallait attendre les délais légaux d'encaissement. C'est donc un chèque antidaté !

Puis, ce monsieur m'indique qu'il m'a envoyé un courrier R.A.R. (n° 1A07874688990) le même jour du 27, mais qui est en réalité antidaté puisqu'il a fait cela avec Vanessa JUGE en date du 28, expédié le 28 et reçu le 1° juillet, courrier par lequel elle me signifiait clôturer mes comptes personnels ! Sans raison, si ce n'est pour d'abord, d'obscurs motifs de soudain changement de stratégie de HSBC France, puis, devant mon insistance, au motif qu'il n'avait pas à en donner, mais, qui est en réalité une manœuvre pour contrecarrer ma plainte sur leurs agissements frauduleux !

Étrangement, ce courrier a été expédié le jour de l'envoi de mes emails à Catherine AMANTE par lesquels je lui demandais les modalités de transfert de tous mes comptes vers une autre agence, mais aussi je l'informais de mes intentions de dépôts de plaintes pénales à l'endroit du directeur, de Emmanuelle OTT, et de Vanessa JUGE. Cette dernière s'est spécialement occupée de la fausse ouverture de compte de la SCI, et dont le refus par les services concernés n'est dû qu'à sa mauvaise constitution du dossier puisqu'elle a utilisé les anciens statuts, l'ancienne adresse, l'ancien Kbis de l'ancien Greffe. Il est bien normal qu'elle ait été refusée ainsi, comme il est évident que la faute lui incombe totalement.

Lors de ce rendez-vous, j'ai compris que, pour garder la face tout en éliminant le risque de mise à l'index de ses fautes et de celles de son « amie » Vanessa JUGE, Jean-Yves GILBERT a voulu prendre les devants et m'effacer du listing de vos clients à titre personnel. Comme le fautif qui anticipe une décision qui lui serait préjudiciable, il essaie de passer pour celui qui « vire », plutôt que de risquer que l'information remonte au sein de votre entreprise sur le fait que je veux changer d'agence, et que j'en expose les raisons.

En sus, il est à noter que mon ordre de transfert de 15155 € pour une acquisition, émis le 27 juin lors de ma venue à l'agence, a pris un étrange retard. J'avais opté pour cette manière plutôt que de le faire par mon accès internet, procédure pourtant entachée de frais, pour que cela soit fait illico presto. Mais mal m'en a pris ! Le virement n'est passé que le 1° juillet, sois quatre jours et un week-end après ! Cela m'a causé un préjudice.

Étonnamment, je m'étais plaint de cette étrangeté de retard lors de mes derniers emails à Catherine AMANTE. Et je ne serais pas étonné que ce retard fut volontaire de la part de certaines personnes de cette agence...

Pour en revenir à notre affaire, j'avais la veille du 02 juillet, déjà pris rendez-vous par l'intermédiaire de votre service clientèle téléphonique, avec l'agence Premier de Paris -Opéra, afin d'y transférer mes comptes. La date retenue fut celle du 09 juillet, où je devais rencontrer Gabrielle CARRE. Celle-ci, sans raison, me reçoit « comme un chien », et refuse de faire quoi que ce soit, ce, après la lecture d'une note interne, diffamatoire et calomnieuse, à mon encontre...

Je demande à voir le directeur, Vincent PAGNY, qui se déplace au bureau de sa collaboratrice, et agressif et impoli, me traite encore plus bas que terre, m'envoie me « faire paître », et que je n'avais qu'à me « débrouiller » avec les responsables de celle de Toulon. Il m'éconduit de « son » agence, refusant même de prendre l'ordre de virement que je voulais émettre !

Je n'apprécies pas du tout cette attitude délictueuse, d'autant plus que, sur de fausses et calomnieuses informations à mon endroit, ce petit directeur d'agence se permet de bafouer mes droits contractuels avec votre entreprise, en me causant un triple préjudice, l'impossibilité de changer d'agence, l'impossibilité d'émettre un virement, et la perte de temps et d'argent pour un déplacement d'urgence inutile sur Paris. Il refusa ce que contractuellement avec votre banque, un client est en droit d'obtenir, et pour lequel est obligé d'opérer, me donnant pour toute réponse un document publicitaire de votre *entreprise quant au service des réclamations, et alors que je lui demandais les coordonnées des responsables juridiques, il m'indiqua qu'il n'y en avait pas, que c'était une espèce de consortium, ou autre structure anonyme.*

Tout ceci sont des délits de l'ordre du pénal.

Les courriers reçus de la part de Jean-Yves GILBERT et de Vanessa JUGE sont consternants de délits.

*Vanessa JUGE prétend qu'il n'y a jamais eu de compte ouvert au nom de la SCI, alors que le chèque dont l'ordre était bien au nom de la SCI, a été encaissé. Il y a donc délit de faux, de fausses déclarations, de détournements de fonds, de détournements d'encaissement de chèque par une personne non habilitée, et autres petites broutilles. Certes, cela concerne la SCI « Le Marroun » qui, concomitamment à la présente, vous adresse un courrier de mise en demeure au regard de ces délits et de ses préjudices. Cependant, l'exposé de cette affaire en ce qui concerne la présente est directement lié, car il démontre et explique la motivation des « incidences » causées par Vanessa JUGE et Jean-Yves GILBERT, commettant ainsi d'autres délits pénaux, ceux de **subornation de témoin, chantage, entrave à la manifestation de la vérité, émission et diffusion de propos diffamatoires et calomnieux, intention de nuire, etc.***

Actes dont vous êtes malheureusement responsables par la voie hiérarchique, puisqu'ils ont été perpétrés au nom de HSBC FRANCE et de ses représentants.

A ce sujet, même s'il m'a été remis un chèque de banque, antidaté, il relève qu'il y a un délit et un préjudice causé. En effet, non seulement vous profitez de cet argent tant que je n'ai pas encaissé le chèque, mais en sus, il peut être suivi par votre employé. La confidentialité est perdue. La somme, tant qu'elle n'est pas sur le compte de mon SCI, doit être sur le compte de mon notaire, officier ministériel.

Nous sommes dans un grave cas. En effet, ne voulant pas que votre employé prenne connaissance de la banque que je vais prendre pour ma SCI, et qu'il colporte de fausses et sales rumeurs à mon endroit comme il l'a déjà fait en interne, ce qui est un délit qui ne l'a pas gêné.

De plus, à cause de ce stratagème frauduleux, je suis

désormais dans l'obligation d'ouvrir un compte bancaire car il m'est impossible à présent de restituer ledit chèque original à mon notaire afin qu'il réintègre cette somme sur le compte de mon SCI en son étude. Préjudices...

J'attire votre attention sur les dernières nuisances causées à mon encontre par cette paire de personnes malhonnêtes, en la suppression d'émettre des virements, même de compte à compte en interne, depuis mon accès internet ! Pour ce faire, je suis obligé de me déplacer à l'agence, me causant nuisances, préjudices et frais.

En bref, pour masquer des fautes, deux responsables d'une agence s'en sont pris non seulement au client, mais aussi et surtout à son représentant, à titre personnel. Ils ont fait rejaillir une problématique d'une entité, morale en la « SCI Le MARROUN », sur une personne physique à titre personnel.

La présente a pour objet, d'abord, d'éclaircir la situation, et de connaître votre position afin de savoir si vous endossez la responsabilité des délits qu'ont commis ces personnes au nom de HSBC FRANCE.

Ensuite, la présente est une mise en demeure de me restituer mes droits, ou de me verser la somme de 50.000 € à titre de dommages et intérêts quant aux préjudices subis à titre personnel et dans une période délicate des vacances.

Je voudrais donc savoir, sous 24 heures à réception de la présente, si je dois déposer une plainte pénale pour avoir gain de cause à ce qui est légitime et contre ce qui est injuste, à savoir, ma volonté de conserver mes comptes personnels et de changer d'agence pour une sur Paris.

A défaut, deux plaintes PENALES seront alors déposées, une par moi-même à titre personnel, et une autre au nom de la SCI Le MARROUN, dont les préjudices sont évalués à 50.000 € à mon endroit, et 35.000 € pour la SCI, ce, contre Jean-Yves GILBERT et Vanessa JUGE pour faux et usage de faux, détournement de fonds, etc, mais aussi pour chantage, diffusion calomnieuse et diffamation, etc.

Je voudrais aussi avoir votre position quant à l'attitude à mon égard, de Vincent PAGNY, directeur de l'agence Opéra-

Paris, car elle relève de complicité de certains délits commis par ses collègues de Toulon.

Comme vous êtes le responsable légal de HSBC FRANCE, vous serez aussi cités, tous deux ainsi que les autres administrateurs, et vous serez dans l'obligation d'y répondre personnellement.

Bien entendu, vous pouvez rester sur vos positions et me « virer » de votre banque, tout en me versant ces sommes à titre de dommages et intérêts afin que je n'entreprenne pas de poursuites pour les faire recouvrer.

J'attends votre retour sur la présente afin de rédiger et d'exprimer aux magistrats votre complicité ou non, dans le cas où vous oseriez les protéger.

A leur sujet, je vous informe de mon inquiétude par leur accès à des informations qui me sont personnelles et confidentielles, et qu'ils pourraient communiquer à des tiers, en vue de représailles, comme ils 'ont fait en interne.

J'informerai du dépôt de la plainte pénale, la Banque de France et le département des autorités bancaires quant aux délits qui les concernent.

Le présent courrier et les éléments l'accompagnant sont susceptibles d'être publiés. »

Bien plus tard, je comprendrai le pourquoi du comment par un article paru dans le journal régional « La Provence ».

Un homme politique avait détourné des fonds publics avec l'aide de « HSBC France », qui les avait fait transiter par l'Asie...

Cet article exprimait les réponses de défense de l'avocat, qui n'était autre que Romain CALLEN...

Je découvrirai aussi que cette banque est l'outil de blanchiment pour toutes les organisations criminelles politico-mafieuses de la région, comme un garage automobile d'Aubagne au chiffre d'affaires extravagant, et qui avait comme avocat un certain MOLINA, qui n'est autre qu'un proche ami d'un homme impliqué dans des affaires de trafics d'influences et de marchés publics dans la région de Marseille.

Pour revenir à « HSBC France », et son agence de Toulon, je découvrirai par la suite, qu'une note interne diffamante à mon endroit avait été rédigée par Jean-Yves GILBERT pour faire passer la consigne aux autres directeurs d'agence de refuser tout transfert de mes comptes. J'en ai eu la preuve avec l'agence de l'Opéra à Paris, où je m'étais déplacé après avoir pris rendez-vous, et au cours duquel j'ai été reçu salement par une sale subalterne, et qui, pour clore le bref entretien, a fait prendre le relais par un autre sale individu, le directeur du cru, qui m'a jeté proprement au dehors !

Pour être bref et concis.

Le 24 juin 2013, je fais une demande d'ouverture de compte pour ma SCI, que « HSBC » connaissait déjà pour lui avoir ouvert un compte l'année précédente, et je donne un chèque notarié d'une somme de plus de 4000 euros, à verser sur ledit compte.

Le 25 juin, il m'est confirmé l'ouverture du compte.

Le 27, je reviens pour signer les documents.

Le 28, il m'est informé que l'ouverture du compte a été refusée, sans motif.

Le 28, je me plains de cette erreur et demande à changer d'agence. Je demande où est mon chèque déposé. Il m'est répondu qu'il me sera rendu dès que les délais légaux d'encaissement seront purgés.

Le 01 juillet, je dépose une réclamation auprès de « HSBC FRANCE » par internet, me plaignant des agissements frauduleux des responsables de cette agence. Ladite réclamation est envoyée aux responsables de l'agence, et n'est nullement traitée par le siège !

Le 28 juillet, Vanessa JUGE m'envoie un courrier pour clôturer mes comptes personnels, sans raison, si ce n'est que d'entreprendre un chantage pour que je ne dépose pas une plainte pénale sur ses agissements délictueux, qui ne peuvent être alors que délibérés, mais aussi sur le détournement du chèque, puisqu'il n'a pas pu être encaissé sous le compte du libellé de la SCI, n'ayant jamais existé.

N'étant toujours pas au courant du sort crapuleux qui m'était réservé par les responsables de cette banque, je contacte le service client pour obtenir un rendez-vous avec le directeur de l'agence de Toulon. Il me rappelle le jour même pour convenir de la date, qui sera le lendemain matin, ce, afin qu'il me remette un chèque de banque pour compenser le chèque détourné.

Le jour indiqué, il me remet le chèque qui est antidaté du 27 juin...

Il est à noter que ce type de délit d'antidater n'est pas isolé, et est coutumier de la banque, puisque Vanessa JUGE a fait de même pour son courrier du 28 juin, antidaté du 27...

Jean-Yves GILBERT m'informe de leur décision unilatérale et sans fondement, ni motivation, de la cessation de « notre » collaboration.

J'avais pourtant, la veille, pris rendez-vous pour le 09 juillet, avec Gabrielle CARRE de l'agence « Premier » de Paris -Opéra, afin de transférer mes comptes. Elle me reçoit comme un chien, et refuse de faire quoi que ce soit, et ce, après la lecture de la fameuse note interne, diffamatoire et calomnieuse à mon encontre...

Je demande à voir le directeur, Vincent PAGNY, qui se déplace au bureau de sa collaboratrice, et qui me traite encore plus bas que terre. Il me vire de son agence, et me conseille de me « débrouiller » avec l'agence de Toulon.

Je voulais aussi émettre un virement, qu'il a proprement refusé !

J'ai donc alerté « HSBC UK » (Royaume-Uni) des malversations de sa branche française.

Aucune réponse.

Et pour cause, cette banque internationale commet sur tous les territoires où elle est présente, les même délits de fraudes, et notamment dans ce pays de Grande-Bretagne, comme celui de fournir à leurs clients privés des comptes occultes... Je découvre ces fraudes trop tardivement.

Ensuite, lors de mon installation aux États-Unis, j'essaie d'ouvrir un compte chez « HSBC USA », étant toujours leur client au Royaume-Uni. Cela pour faciliter les transferts de mon patrimoine.

J'apprends tardivement que cette branche américaine était impliquée dans une vaste opération de blanchiment pour les cartels de drogue, et qu'elle avait dû payer une amende record de 1,9 Milliards de dollars. Record au niveau fiscal, mais pas trop « gênante », vu, qu'en fait, elle ne représentait que 10% de leurs bénéfices annuels... Et aucun responsable n'a jamais été inquiété judiciairement !

Les administrations américaines, du moins celle de la « justice », ferment les yeux sur les trafics dès lors qu'une contribution financière est versée. Officielle, et/ou officieuse.

En matière de blanchiment, le multiple état américain permet de se dispenser de la notion de délit, et même de celle de morale, et de se décharger de ses responsabilités pénales, contre un simple aveu d'« erreur », d'« ignorance » et de « manquement naïf », mais aussi et surtout assorti d'une compensation qui confère à une espèce de commission sur les bénéfices. Une rétribution telle que celle requise par les mafias sur les « commerces » entrepris sur leur territoire...

Je comprends, avec les moyens mis à ma disposition en tant que client privilégié, nommé « Premier » par cette banque, les méthodes utilisées pour les transferts de fonds internationaux, en toute discrétion, toute confidentialité, et sans vérification aucune...

Alors que pour ouvrir un compte dans n'importe quelle banque aux États-Unis, il suffisait de moins d'une heure, et ce, pour obtenir carte bancaire et chéquier, avec « HSBC USA », il s'est passé des mois sans obtenir le sésame, en étant pourtant déjà client dans d'autres pays, et dans la catégorie des « privilégiés » « Premier »...

A cela, les responsables de cette agence me posent des questions indiscrètes et requièrent des informations confidentielles, notamment sur ma famille...

Je comprends alors que « HSBC USA » fait le jeu de « HSBC France », mais aussi celui de « HSBC UK », afin de nuire à mes intérêts, et d'obtenir des informations par lesquelles des menaces physiques sur des membres de ma famille s'entrevoyaient.

Je rappelle que « HSBC France » a comme partenaires-clients des organisations criminelles, et « HSBC USA » des cartels de drogue, et que « HSBC UK » doit en avoir des « similaires »; et donc, que ces « responsables » peuvent aisément correspondre, puisqu'ils sont déjà étroitement liés, avec certains de leurs « clients privilégiés » qui ont tout intérêt que leur banque chérie perdure sans remous, ni changement...

J'ai des preuves comme quoi « HSBC USA » est impliqué dans ce réseau international de criminalité, et que les responsables locaux travaillent en parfaite connaissance de cause, en totale collaboration. J'ai constaté cela au vu des « particulières » attitudes de ces deux responsables de cette agence californienne.

La Mise en Demeure au président de la République Française en 2013, François HOLLANDE

Voici la missive dans son intégralité, de 57 pages (27 à son attention, et 30 de documents/preuves) au format A4, telle qu'envoyée en recommandé avec accusé de réception (1E00137931369), que le sieur Président a reçue le 12 septembre 2013.

Elle évoque deux graves affaires qui se recoupent, dont l'une est l'objet du présent ouvrage.

Même si les faits dénoncés en ce qui concernent cette dernière vous sont désormais connus à ce stade de lecture, il est toutefois intéressant d'en prendre connaissance, même si son exposé est certes rébarbatif, afin de découvrir ses prémices, la précédente histoire qui m'est arrivée, et d'autres pertinentes informations complémentaires.

Vous pourrez alors assimiler l'entièreté de la corruption du système judiciaire français.

« LETTRE OUVERTE de MISE en DEMEURE
à François HOLLANDE
au titre de la corruption majeure de la magistrature et du
système judiciaire français.

Objets :
- *Dénonciation de corruption généralisée du système judiciaire français*
- *Dénonciation de corruption de magistrats et de Procureurs de la République*
- *Dénonciation de corruption d'officiers ministériels, huissiers et notaires, et de chambres*
- *Dénonciation, selon le cas, de collaboration et/ ou d'appartenance de personnes bénéficiant de l'autorité de l'état avec une organisation mafieuse et criminelle*
- *Dénonciation de l'existence d'une organisation mafieuse et criminelle au sein des différents services du système judiciaire français constituée par des personnes bénéficiant de l'autorité de l'état*
- *Dénonciation d'absence et/ ou de défaut de protection des victimes et/ou des témoins*
- *Dénonciation d'impossibilité de bénéficier et d'accéder à un élémentaire jugement impartial et équitable*
- *Injonction de règlement d'indemnités des préjudices passés, présents et futurs, avant poursuites auprès d'une juridiction internationale.*

Au titre des plaintes pour, liste non exhaustive, corruption d'officiers ministériels, corruption de membres influents du système judiciaire ayant autorité, entraves à la manifestation de la vérité, travestissement de la vérité, subornation de témoins, escroquerie en bande organisée, actes criminels en bande organisée, collusion de personnes ayant autorité de l'état avec une organisation criminelle, faux et usage de faux, usurpation d'identité, intimidations, menaces de mort, exactions physiques, vols, recels, demande de rançons, chantage, diffamations, calomnies, discrédits, et autres « menus » délits.

Dans les deux affaires liées,
« BRANCHE-ANSELMO-FUSINATO-CALLEN »
et « BOUHABEN-SITRI-BACCINO-MATHIEU-DEPIERRE ».

Monsieur Le Président de la République,

certes, vous n'avez jamais abordé, ni avant votre élection, ni après, une quelconque espèce de motivation à lutter contre la corruption, ni même évoqué la possibilité de son existence.

Certes, cela peut vous arranger puisque vous avez, vous-même, aménagé votre gouvernement avec des personnes en usant plus ou moins.

Cependant, même si cela vous gêne personnellement d'agir en ce sens, il est du devoir de votre fonction au regard de ce que vous représentez, de combattre concrètement la prévarication inscrite dans les organismes publics et étatiques, ce, au vu, de son ampleur et de sa généralisation grandissante, voire sa banalisation, la portant à un stade jamais égalé.

Des systèmes à nettoyer, il y va du plus urgent, celui primordial et du principal, celui qui est censé mettre au jour, sanctionner et éradiquer cette vérole, c'est-à-dire, la magistrature et le système judiciaire eux-mêmes.

« J'ai confiance en la justice de mon pays » n'a jamais sonné aussi faux, notamment en France.

La méthode « Coué » ne fait plus effet, même dans les républiques bananières reconnues officiellement.

Ceux qui osent encore prononcer cette phrase vide de sens, ne le font que par une motivation obséquieuse, espérant bénéficier d'une once de quelque hypocrite magnanimité de la part du magistrat en charge de son rendu d'affaire, et ce, même si cette personne est une victime qui ne fait que revendiquer son droit à obtenir une réparation, ou même juste à être reconnue comme telle.

La France en est devenue de la plus sale couleur, celle de l'hypocrisie par son abusive association lui servant d'alibi, qu'est son orgueilleuse auto-proclamation du « Pays des Droits de l'Homme ».

Les jours qui coulent, dévoilent une organisation de malfaiteurs qui répandent leur fiel moral au sein des institutions, faisant leur pluie et leur beau temps, au gré de leurs desseins, de leurs bénéfices, mais aussi et surtout des nuisances et des abus qu'ils peuvent organiser envers leurs ennemis, les honnêtes gens.

A l'instar des mafieux d'antan qui s'achetaient une virginité sociale en créant des structures et des entreprises officielles tout en faisant des dons, de manière ostentatoire, aux œuvres caritatives, ceux du temps présent, moins glorieux mais inversement lâches, ont investi les prétoires et les arcanes du pouvoir qui est censé les rechercher, les dévoiler, les dénoncer, les sanctionner, les punir, le système judiciaire.

En effet, quelles meilleures places que celles-ci, pouvant ainsi noyer des affaires scabreuses préjudiciables, pendant qu'ils utilisent ces même pouvoirs pour nuire et combattre leurs ennemis, ceux qui ne sont pas de leur sérail, ceux qui refusent d'obtempérer à leurs décisions internes déterminées par leur réunion au sein de leur secte, bref, ceux qui combattent l'injustice et les « salopards » qui la répandent.

Pour tout honnête homme, ce pan sociétal de nécessité de « javellisation » n'est même pas une priorité, ni même un point de discussion, elle se doit d'être.

Même s'il est aussi certain que déambulent pléthore d'aigrefins, qu'il se trouve aussi des magistrats honnêtes et intègres, ces derniers sont toujours confrontés à tout le système judiciaire français, entièrement vérolé par les points clés occupés par les premiers, au point qu'ils demeurent impuissants, sans appui et isolés, alors que les « salopards » sont regroupés et organisés pour faire la loi, leur loi, à ceux de leurs « cohabitants » qui oseraient aller à l'encontre du courant qu'ils façonnent selon leur personnels préceptes, toujours sales, vils, iniques.

Que cela soit sous le mode syndicaliste, ou sous le mode sectaire, comme les françaises-maconneries, il ressort pour *toute personne ayant à la fois du bon sens et une honnêteté morale, que ces espèces d'associations sont incompatibles et inacceptables, par leur omnipotente et omniprésente perversité morale dictatoriale, dissimulée et occulte, avec la moindre notion de tout système judiciaire dès lors que le but et l'article premier le régentant soit une absolue équité, intégrité et probité.*

La présence de ces organisations est une tare, une abjection et une infamie pour le système lui-même.

La France et son petit système organisé est un bel exemple de corruption morale, l'exemple à ne pas suivre si l'on veut être « propre ».

Voilà près de dix ans que je lutte contre la vermine qui a contaminé et phagocyté le Tribunal de Grande Instance de Marseille, mais aussi et surtout, celui d'Aix-en-Provence.

Par d'autres affaires, j'ai aussi des preuves sur la corruption du Conseil Supérieur de la Magistrature, de la Cour de Cassation, et aussi de la Cour Européenne des Droits de l'Homme. Cette dernière étant au paroxysme de l'infamie morale par la vaste fumisterie qu'elle dégage, une fois décortiquée ses règles particulières d'usages.

Toutes ces juridictions (ab)usent des mêmes stratagèmes de « non-voyance » des délits, sur le mode du tri sélectif paramétré s'ils sont commis par leurs « amis », ou non.

J'ai de nombreuses affaires que je traîne depuis des années, qui portent sur des plaintes pénales concernant des faits graves tels que des faux et usages de faux commis par des huissiers, mais qui sont « protégés » par leur chambre, ou plus particulièrement, par les représentants influents de cette chambre départementale.

Et dans le lot des « salauds », il y aussi de nombreux avocats qui protègent davantage et avant tout, le système, que les intérêts de leurs clients.

Des juges, des magistrats, des greffiers, corrompus à la même cause, que cela soit en région PACA qu'à Paris.

Au point que la question se pose s'il existe des personnes fiables dans le système, avocats mis à part, puisque, en ce qui concerne ces derniers, la question en serait stupide de naïveté...

Les plaintes pénales que j'ai déposées sont toutes étayées de preuves irréfutables, pourtant, à chaque fois, les procureurs de la REPUBLIQUE ne les suivent pas, les ignorent quand ils ne les dénigrent pas en les qualifiant de « réclamation ». Et quand elles sont portées par mes soins et à mes seuls dépens, auprès des services des juges d'instruction, et que je dépose à mes frais, les montants des consignations, 500 € pour l'une, 2000 pour l'autre, et encore 2500 pour la dernière, et depuis, les doyens des juges d'instruction de chacun de ces tribunaux font la sourde oreille...

Mais, le 27 mars 2013, un cap a été passé. J'ai été agressé à un de mes domiciles, tabassé et séquestré, agrémenté de menaces de mort...
Et bien entendu, le procureur du TGI de Toulon n'a strictement rien fait, bien au contraire...

Voici les faits de cette sordide affaire, où sont mêlés représentants de l'état, procureurs et officiers ministériels que sont les notaires.
La présente affaire et mise en demeure est un volet parmi d'autres constats de corruption du système, dont un sera évoqué pour sa corrélation et son entrecroisement, mais aussi pour déterminer sans équivoque, l'aspect insoluble de la situation en général, et de la mienne en particulier, puisque je suis dans l'obligation de quitter la France, afin d'échapper aux représailles physiques pour ne pas m'être tu sur ce que je sais d'eux.

« Indépendance » n'est pas synonyme de « Garantie d'Intégrité ».
1. Affaire « BRANCHE-ANSELMO-FUSINATO-CALLEN ».

Les principaux protagonistes officiels, actifs participants et bénéficiaires des délits, pour le compte et en association avec une bande organisée de malfaiteurs, sont :
- **Pascale BRANCHE en tant que notaire à Marseille,**

- *Jean-Fabrice ANSELMO en tant que président de la Chambre des Notaires des Bouches-du-Rhône),*
- *Anne LEZER en tant que vice-procureur au TGI de Marseille,*
- *Xavier TARABEUX, en tant que Procureur au TGI de Toulon,*

Ceux en complicité passive :
- *Christiane TAUBIRA, Garde des Sceaux en 2013,*
- *Laurent VALLEE, en sa qualité de directeur général de la DACS.*

Ceux de la bande organisée de malfaiteurs :
- *David FUSINATO, Georges CALLEN, Romain CALLEN, Daniel PINA, Romain LEDUC, Michel Georges PALMIERI et Michèle FLOTTE-MICHEL PALMIERI.*

Exposé historique, circonstancié et environnemental.

Il est tout d'abord précisé que si certains points et actes évoqués ne concernent nullement les vendeurs, l'utilité de leur évocation réside cependant dans la pertinence descriptive de l'environnement et du contexte dans lesquels Laurent GRANIER a été inscrit à ses dépens et contre son gré, par les intermédiaires et les intervenants précités.
L'emploi de la 3° personne a pour but de rendre avantageusement compréhensible et réutilisable le récit.

Fin novembre 2012, *David FUSINATO propose à Laurent GRANIER des affaires immobilières à des prix attractifs, des « opportunités à saisir ». D. FUSINATO propose, tout d'abord trois biens dans le Var (83), un petit domaine à CUERS, une maison à SIGNES, et une villa à SIX-FOURS. Cette dernière est le domicile de Jean-Claude MAS, patron de la société P.I.P. Lors de cette visite, Laurent GRANIER est présenté au « fournisseur » de ces affaires, Georges CALLEN, surnommé l'« avocat », par D. FUSINATO, qui était accompagné de son* *homme de mains, un certain « Daniel ».*

Après la visite de ces biens, Laurent GRANIER avalise les trois acquisitions.

Les montants des acquisitions étaient de 320.000 € pour celle de CUERS, 150.000 € pour celle de SIGNES, et 750.000 € pour la villa de SIX-FOURS. Mais, il était requis la « participation financière » d'une commission occulte pour chacune des transactions de, respectivement, 80.000, 20.000 et 100.000 €, réclamées et qui seront encaissées par D. FUSINATO. Laurent GRANIER n'a pas eu davantage d'information quant à la répartition des fonds avec les autres intermédiaires et intervenants, ou même, éventuellement, avec les vendeurs. Il est à noter que le montant de la vente de SIGNES s'est soudainement élevé à 180.000, en sus de la dissimulation précitée.

David FUSINATO a imposé de signer les compromis et les actes chez sa notaire attitrée, Pascale BRANCHE, dont l'étude est sise au 133, avenue de Saint-Antoine à MARSEILLE (13015).

Les trois compromis devaient être signés lors d'un seul déplacement à l'étude de cette notaire, mais, les modalités changèrent rapidement.

Celui de SIX-FOURS était sans cesse repoussé, en l'attente d'un accord relatif aux négociations occultes avec les autres comparses restés dans un « certain anonymat », comme le financier « arrangeur » luxembourgeois, FRANZEN, par l'entremise directrice du sieur Yves HADDAD.

Celui de SIGNES fut annulé au dernier moment, alors qu'il devait être contracté le jour de la signature de celui de CUERS, qui fut pour sa part, d'une manière particulière.

Laurent GRANIER n'a jamais été en contact, ni n'a jamais pu rencontrer les vendeurs, Michel et Michèle PALMIERI, FUSINATO s'occupant expressément de faire le lien entre eux et « sa » notaire. En effet, même pour le compromis, Pascale BRANCHE s'était déplacée à leur domicile de La Garde (Var), le 12 décembre 2012, en compagnie de David FUSINATO, afin de le leur faire signer. Le lendemain, Laurent GRANIER signait sa partie à l'étude de Pascale BRANCHE qui ne s'est pas gênée pour y porter de nombreuses modifications, de ratures, de rajouts, de mots nuls dans un texte rédigé, approuvé et signé la veille par les vendeurs.

Pour entériner le compromis, Laurent GRANIER a versé à Pascale BRANCHE, 500 € (Cinq cent euros) au titre d'avance sur les frais, et ensuite, 16.000 € (seize mille euros) au titre des 5% convenus du dépôt de garantie.

Laurent GRANIER n'a pas reçu les récépissés comptables de ces versements avant plusieurs mois, après plusieurs demandes répétées en vain, et seulement après la plainte auprès de la Chambre Départementale des Notaires.

Pour l'anecdote, Laurent GRANIER a appris bien plus tard que la notaire Pascale BRANCHE avait basé les termes du compromis sans avoir en sa possession aucun document élémentaire tel que le primordial titre de propriété, mais, si ce n'est qu'un similaire accord antérieur contracté avec de précédents acquéreurs potentiels, rédigé alors par un autre officier ministériel, et dont l'issue n'a débouché sur aucune vente, mais plutôt sur un apparent « litige » avec ledit notaire qui avait déjà entrevu des « étrangetés » quant à la situation administrative dudit bien.

Même par la suite, Laurent GRANIER n'a jamais rencontré les vendeurs.

L'information, que Laurent GRANIER n'a jamais pu vérifier, propagée par FUSINATO était que Michel PALMIERI avait un cancer d'une phase si avancée que ses jours étaient comptés, déjà en décembre. Au printemps 2013, apparemment, tout allait bien pour lui...

Pour apprécier au mieux l'environnement contextuel bâti par ces « intermédiaires » de l'ombre en ce qui concerne les affaires immobilières qu'ils ont en fermes mains, la transaction de SIGNES est significative de leurs méthodes particulières d'arrangements. Georges CALLEN s'était déplacé pour rencontrer la notaire Pascale BRANCHE afin de lui délivrer « ses » consignes, nouvelles, à savoir, préparer tous les documents dans le but de signer une vente directe, sans la présence au préalable d'un compromis. Laurent GRANIER a compris par la suite le pourquoi de cette drôle de manière, qui conférait même à une irrégularité, ou du moins une incapacité juridique normale de mener à bien la réalisation de l'acte authentique. En effet, pour obtenir certains éléments essentiels comme la décision de non préemption, il est nécessaire d'établir une Déclaration d'Intention d'Aliéner (D.I.A.) qui sera expédiée aux services concernés, note informative qui doit faire état de l'identité de l'acquéreur. Mais, en cette affaire, le sieur Georges CALLEN avait fait « sa » démarche personnelle auprès du maire de Signes pour appréhender directement le précieux sésame du refus d'exercer une quelconque préemption...

Dans cet exposé des affaires parallèles et simultanées, celle de SIX-FOURS, quant à elle, restait en suspens au regard des délicates et longues négociations de ces intermédiaires avec une autre bande s'occupant de l'évasion des biens sociaux de la société P.I.P., les bâtiments industriels de la société P.I.P, et de ceux personnels de Jean-Claude MAS, « sa » propriété qui n'est pas sous son nom... Par des informations prises par ailleurs auprès de certaines de ses relations, Laurent GRANIER a eu l'information selon laquelle l'origine de propriété de la villa « hollywoodienne » était douteuse, puisque, par le passé, un mort aurait signé la vente... Cette rocambolesque et « audacieuse » nouvelle ancrait davantage une étrange similarité avec la situation de l'affaire de CUERS où les vendeurs restaient « fantômes ».

Pour en revenir à l'objet principal, Laurent GRANIER a demandé à David FUSINATO d'officialiser la somme devant être dissimulée, au titre d'apporteur d'affaires, ce qui est légal, mais, David FUSINATO s'y est refusé catégoriquement, alertant davantage la méfiance de Laurent GRANIER au regard cette étrange absolue volonté de Georges CALLEN, de David FUSINATO et des autres malandrins de la bande, de ne jamais apparaître dans les transactions, une condition sine qua non qui ne peut être déterminée que par une simple crainte d'ordre fiscal...

Le 07 février 2013, *Me Jean-Jacques EYROLLES, notaire à Aix-en-Provence, s'est présenté à Pascale BRANCHE en tant que représentant de Laurent GRANIER.*

Le 12 février 2013, *Laurent GRANIER a reçu la visite de deux sbires au lieu où il résidait alors, à Saint Cyr/ Mer.*

Le 13 février 2013, *Laurent GRANIER s'est fait menacer à La Ciotat (13), par Romain LEDUC, au nom de David FUSINATO, celui-là donnant un coup de pied dans la porte de la voiture de Laurent GRANIER en désespoir de l'atteindre physiquement, puisqu'il se trouvait à l'intérieur. Laurent GRANIER a déposé le jour même une plainte pénale auprès de la gendarmerie de Saint Cyr/ Mer, mais rien n'a été entrepris par les autorités, laissant ainsi libre cours aux malfrats, alors confiants par la certitude de toute impunité de leur acte passé, mais aussi et surtout de ceux à venir...*

Ce même jour du 13 février, *un fausse attestation de substitution signée sous le nom de Laurent GRANIER, si médiocrement rédigée qu'elle en serait irrecevable même s'il en avait été l'auteur, au profit d'un Daniel PINA, a été expédiée depuis la poste de Saint-Cyr/ Mer, par courrier recommandé avec accusé de réception (R.A.R. n°1A08067797963), toujours au nom de Laurent GRANIER en tant qu'expéditeur, et adressée à Me Pascale BRANCHE.*

Au mépris de l'obligation légale pour tout réceptionnaire de conserver autant l'enveloppe associée au récépissé de recommandé que le courrier lui-même, mais d'une attitude et de manières tout aussi étrangement avantageuses pour leur(s) expéditeur(s) qu'irrespectueuses du devoir légal pour un officier ministériel, la notaire Pascale BRANCHE a déclaré ne pas avoir conservé l'enveloppe de ce pli portant cependant le récépissé d'envoi, information et preuve qui pouvaient permettre de remonter la trace de son émission et de leur(s) auteur(s)..

Cependant, même si le numéro du recommandé n'a pas été fourni par la notaire Pascale BRANCHE, Laurent GRANIER en a eu connaissance pour avoir reçu l'accusé de réception dans sa boîte aux lettres. Ainsi informé, Laurent GRANIER a pu tracer le courrier et en a demandé une copie à la Poste.

Il est intéressant de noter que l'officier ministériel Pascale BRANCHE n'a jamais informé la Justice de la présence de ce faux, dont elle est cependant la réceptionnaire !

Tout comme il est intéressant de noter que la même notaire

Pascale BRANCHE a dissimulé l'existence, non pas d'un seul mais de plusieurs intermédiaires occultes, et, non pas dans une seule affaire mais de plusieurs, faits et actes qui constituent pourtant le double délit cumulatif aggravant de « bande » et d'« organisation ».

Tout comme il est encore plus intéressant de relever que, en sus de n'avoir jamais fait son devoir d'officier ministériel au regard de ses obligations d'informations aux autorités quant aux présences d'intermédiaires occultes, la notaire Pascale BRANCHE les a même protégés puisque, malgré la plainte informative de Laurent GRANIER en ce sens, Pascale BRANCHE n'a jamais émis cette notification, et que, bien au contraire, elle a même usé de ses relations privilégiées auprès de la Chambre Départementale des Notaires, représentée en la personne de Jean-Fabrice ANSELMO qui a agi immédiatement et efficacement pour protéger les membres de cette pègre, en dénigrant autant la personne que les propos de Laurent GRANIER auprès du parquet de Marseille...

Laurent GRANIER a ensuite découvert l'aspect mafieux de la bande à CALLEN, la sale et sordide provenance de ces opportunités à saisir. Georges CALLEN avec son fils Romain, ce dernier en sa qualité officielle d'avocat, escroquent et spolient de pauvres gens dans la difficulté et sans trop de moyens de défenses. Et pour ce faire au mieux, d'une manière organisée et permanente telle un fond de commerce, ils sont très bien introduits auprès des membres influents du TGI et du tribunal de Commerce de Toulon, l'un, pour obtenir les documents, attestations et jugements qui « conviennent », et l'autre pour alimenter leur marché par la récupération « anticipée » de biens en instance, souvent « accentuée », d'être saisis, pour de bonnes ou de fausses raisons élaborées par la bande... C'est un système mafieux organisé qui collabore aux bénéfices personnels de chacun de ses acteurs, mais aussi de ses fournisseurs de ces services au sein du système judiciaire, tous associés avec des personnes ayant autorités, forces et tous pouvoirs comme certains huissiers. Par exemple, Laurent GRANIER a découvert que certains de ces officiers ministériels étaient si véreux qu'ils ont eu cependant maille à partir pour faire dissimuler aux yeux officiels du système judiciaire local, leurs actes frauduleux et crapuleux. Mais, ils avaient suffisamment d'implications avec d'autres personnes influentes, « mouillées » mais non encore mises au jour, qu'ils ont pu échanger leur silence contre une espèce de protection pour les abriter de poursuites judiciaires pénales. Ils ont été conviés, pour seule punition, de ne pas continuer leurs activités... dans le même département ! Étouffées par certains par la mise au vert, vers d'autres cieux du département voisin, avec la bénédiction providentielle d'une personne très influente dans la région, et inscrite « à vie » au sein de la Chambre départementale des Bouches-du-Rhône...

Laurent GRANIER apprendra aussi, plus tard, de certaines sources, que le Georges CALLEN est loin d'être blanc comme neige, et qu'il aurait trempé par le passé dans des affaires immobilières scabreuses et crapuleuses de la région toulonnaise. Laurent GRANIER apprendra aussi, plus ultérieurement, et trop tardivement à ses dépens, de la dangerosité de cette bande puisque ledit CALLEN aurait été impliqué dans l'affaire de l'assassinat de Yann PIAT...

Laurent GRANIER découvre que, à la différence de Marseille où plusieurs clans revendiquent chacun une autorité et un territoire, créant ainsi une certaine concurrence qui favorise un certain équilibre de pouvoirs et de contre-pouvoirs, Toulon est une sale ville où un seul clan fait sa loi, entremêlant dans un but commun, mafieux, personnes du système judiciaire local et hommes politiques.

Aussi, le 19 février 2013, face aux nombreux « problèmes » et aux nombreux délits découverts, s'accumulant sans cesse au cours de l'évolution de l'affaire de CUERS, mais aussi face à ceux de celle de SIGNES où la propriétaire, une personne âgée, malade et handicapée, est victime d'abus de faiblesse, de coercition et d'extorsion d'accord de la part de Georges CALLEN, Laurent GRANIER alerte à la fois son notaire Me Jean-jacques EYROLLES, mais aussi et surtout la Chambre Départementale des Notaires quant aux délits de Pascale BRANCHE, et aussi le parquet de Marseille, et aussi la DACS (Division des Affaires Civiles et du Sceau), en charge de la surveillance et du maintien de la « propreté » des « usages » des fonctions de leurs représentants, les officiers ministériels que son les notaires, ce, par l'entremise de sa plus haute responsable, Mme La Garde des Sceaux, Christiane TAUBIRA. Aucun d'eux, ni Jean-Fabrice ANSELMO en tant que Président de la Chambre Départementale des Notaires, ni Christiane TAUBIRA en tant que Garde des Sceaux, ni la DACS en tant que garante de la conformité et de la probité des charges de leurs officiers ministériels, aucun d'eux ne répondra, et ce, malgré les preuves accablantes de la « particulière » situation, des actes et des accusations portant sur des fraudes d'ordre du pénal mais aussi sur des délits d'ordre criminel, portant non seulement aux préjudices de Laurent GRANIER, mais surtout aux risques encourus par de, déjà présentes ou de futures potentielles, victimes.

Pour saisir l'environnement créé entièrement au détriment de Laurent GRANIER, et par un mode organisé, il est à noter que rien n'a été fait de la part de Jean-Fabrice ANSELMO puisqu'il n'a émis aucun courrier de réponse à Laurent GRANIER. Pire, devant être obligatoirement informé de la part des notaires, suite à l'observation ou même de la suspicion de délit, le Procureur de la République n'est pas alerté par Jean-Fabrice ANSELMO. Bien au contraire, ce dernier a court-circuité la plainte déposée par Laurent GRANIER et a entrepris une manœuvre de discrédit à son encontre auprès de la vice-Procureur Anne LEZER du TGI de Marseille, proférant calomnie, diffamation et fausses informations juridiques, à un tel point quo, ainsi briefée et aux ordres, celle-ci ne trouve rien à redire ni sur les délits et crimes dénoncés, pourtant démontrés et prouvés, ni sur les risques encourus par d'autres potentielles victimes de la bande.

Anne LEZER commet les graves délits, entre autres, de non dénonciation de crime et de subornation de témoins, en dénaturant la plainte pénale de Laurent GRANIER pour la qualifier de « réclamation », et nie toute existence d'actes, et même d'agissements frauduleux et crapuleux de ces personnes, ce, sans argument si ce n'est le fait qu'elle conversé, sans exprimer un énoncé juridique qui en est ressorti, *avec ledit Jean-Fabrice ANSELMO, qui, selon toute apparence, proclame, fait et lui dicte la loi, « sa » loi. Ainsi, Anne LEZER offre toute latitude aux crapules d'aller de l'avant avec la garantie de toute impunité, négociée par Jean-Fabrice ANSELMO. Laurent GRANIER a étayé ses plaintes pénales pour les faire reconnaître, mais Anne LEZER ne justifie de rien, ni n'apporte une once d'élément pour contrecarrer les démonstrations des délits évoqués.*

D'Anne LEZER, seule sa petite décision personnelle laconique sans argument, ni juridique, et encore moins intellectuel, fait lettre morte de la plainte pénale avec preuves à l'appui.

Laurent GRANIER n'est pas surpris de son attitude collusive avec les crapules et les malfrats, car il a déjà eu à faire à ce genre de manière et de façon de (dé)faire, frauduleuse et pénale, crapuleuse et criminelle, de la part d'Anne LEZER au sujet d'autres affaires précédentes, et a constitué un dossier à son sujet de plusieurs cas similaires de « protection » par un négativisme exacerbé.

Laurent GRANIER avait saisi, déjà par le passé, que les sujets sensibles et importants qui devaient être étouffés officiellement par une décision de non poursuite, jamais motivée, ni sur un plan juridique ni sur celui circonstanciel, l'étaient toujours par le subalterne de service, adjoint ou vice, mais jamais par la personne la plus haute en fonction, malgré leurs graves caractères qui demanderaient la plus grande attention et la mise en cause de la plus haute autorité, ici en la personne de Jacques DALLEST, ce, afin de faire porter la responsabilité de cette corruption à un « fusible », si jamais elle était mise au jour.

Anne LEZER semble avoir été utile en ce sens plus d'une fois.

Laurent GRANIER a aussi compris depuis longtemps, par ses autres affaires conflictuelles avec le système judiciaire contre lequel il lutte pour seulement faire appliquer la loi et que les salauds soient punis, que le poste de procureur était celui idéal pour se constituer une bibliothèque de dossiers, au moindre coût et sans aucun effort, avec le surplus du pouvoir absolu de donner suite, ou non, aux plaintes, ce qui peut toujours se monnayer... En effet, assis dans son fauteuil, le procureur n'a qu'à attendre pour récolter histoires et preuves de la part de plaignants en désarroi, ce qui pourra toujours lui servir de monnaie d'échange de « services », avec d'autres personnages influents, contre des affaires compromettantes pour lui, ou ses frères et sœurs. Avec la cerise sur le gâteau de faire la pluie et le beau temps, ce, sans justification aucune que celle que son propre désir lié à sa fonction dictatoriale, sur le devenir de la vie du coupable, et même de la victime.

Le 07 mars 2013, sans nouvelle de sa part depuis un mois, Me EYROLLES reçoit enfin de sa consœur Pascale BRANCHE, des éléments de l'affaire pour laquelle il est le rédacteur de l'acte authentique.

A leur lecture, de nombreux problèmes non exprimés dans le compromis, surgissent au fur et à mesure :

Origine de propriété par donation partielle des enfants aux parents (!), permis non déposé pour une construction (Pool-House), non conformité du permis obtenu pour la construction faite de l'agrandissement de la maison, non concordance de la prévision de l'objet des travaux avec la réalisation (Garage), faux rapport d'assainissement du SPANC provenant d'une autre propriété (!), rapport du SPANC non existant, etc.

Il apparaît aussi une ordonnance du juge des tutelles aussi prodigue que rapidement obtenue en quatre jours par Romain CALLEN auprès du TGI de TOULON. C'est la première fois où cette personne, fils de Georges CALLEN, apparaît dans l'affaire, officiellement.

Le 20 mars 2013, lors d'un rendez-vous de Laurent GRANIER avec son notaire, Me Jean-Jacques EYROLLES, pour faire le point sur cette particulière affaire de CUERS, il est soulevé des points supplémentaires dont les demandes sont adressées ipso facto à Pascale BRANCHE, comme, des précisions sur la nature de la demande de cette « rapidement obtenue », ordonnance du juge des tutelles, procédure dont la réalisation demande en général plusieurs mois, d'autant plus que le TGI de Toulon a la sale réputation d'être nonchalant, ou du moins, « surchargé »...

Le 27 mars 2013 au matin, vers 07h 00, **Laurent GRANIER est agressé au lieu où il résidait alors, à Saint-Cyr/Mer. Par**

deux individus cagoulés, il est tabassé, saucissonné, séquestré, et volé de biens ciblés qui déterminent sans conteste que le caractère de cette exaction n'est pas crapuleux, mais bien criminel. Laurent GRANIER est aussi et surtout menacé de mort, avec une extorsion de fonds de 50.000 € sous l'ultimatum de les remettre dans les 15 jours d'abord, puis dans les dix jours. Les objets volés, documents et surtout ordinateurs, servent de caution, d'objet de chantage et d'échange. La somme ne représente qu'un écran de fumée. La gendarmerie locale prend d'abord en charge l'affaire, et le département de recherche scientifique de la criminelle est dépêchée dans la matinée pour relever les éventuelles traces d'ADN et d'empreintes.

Tout est en œuvre. Pour l'instant.

N'ayant pas encore tous les éléments dont il dispose à ce jour pour faire le tri, Laurent GRANIER fournit alors aux gendarmes, trois pistes étayées, sur les potentiels auteurs, ou plutôt sur les commanditaires du forfait, dont parmi elles, la présente. L'une des autres affaires porte sur la mise en lumière d'une encore plus vaste entreprise de corruption en bande organisée au sein de la magistrature française dont le réseau s'étend au moins depuis la région PACA, et spécialement le département des Bouches-du-Rhône, jusqu'à la capitale. Laurent GRANIER a constitué un dossier de preuves irréfutables quant à l'existence de ce réseau puissant et opérationnel de corruptions et d'escroqueries, avec le concours « magistral » de juges, de greffiers, et surtout d'huissiers qui usent, créent, fournissent, utilisent, autant de faux documents qu'ils en falsifient d'authentiques en commettant de fausses déclarations. Les personnes impliquées directement, ou indirectement pour les couvrir afin qu'aucune enquête et encore moins aucune poursuite ne soit entreprise, sont présentes de manières influentes, voire dictatoriales au sein du TGI de Marseille, mais aussi et surtout d'Aix-en-Provence, chapeautés par la Cour d'Appel qui ne ne fait rien pour les dissuader et les freiner d'agir de la sorte. Une totale impunité. Ainsi, de nombreux délits ont donné lieu à de nombreuses plaintes de la part de Laurent GRANIER auprès de différents tribunaux, certaines au stade de constitution de partie civile pour lesquelles Laurent GRANIER a dû payer une consignation, et pour lesquelles les juges d'instruction font obstruction, avec l'aide bienveillante du procureur.

Les délits poursuivis font états de, entre autres, faux et usages de faux, altération frauduleuse de la vérité dans un écrit (falsifications), escroquerie en bande organisée, corruption active, subornation de témoins, et autres « peccadilles », ce, auprès de plusieurs juridictions.

Le principe est simple. Des huissiers fournissent et attestent de fausses déclarations comme vraies, que le juge accepte et utilise pour proclamer une ordonnance de complaisance. Un huissier n'a plus qu'à accomplir sa tâche au nom du fameux jugement.

Le magistrat a pris le faux pour authentique sans précaution puisqu'il pense ne pas avoir à le faire parce qu'il émane d'un officier ministériel, considérant que c'est de la responsabilité de ce dernier, et l'huissier « suiveur » prend le jugement de complaisance sans se poser de question puisqu'il n'a pas à le faire, la responsabilité n'étant pas la sienne. Chacun rejette tacitement la responsabilité sur l'autre, et cette dilution créée la plus grande et officielle des escroqueries. Pour éviter que le subterfuge ne soit découvert par la partie adverse, et qu'elle se défende, il leur suffit de faire en sorte qu'elle soit absente. Et pour ce faire, l'audience se fait à l'insu et en l'absence du futur condamné, par d'autres fausses attestations, de significations d'huissiers...

Et comme en France, l'absent a tous les torts, et le poursuivi est obligatoirement le salaud, le tour est joué. C'est la version de base de l'escroquerie officielle que Laurent GRANIER a dévoilé, à ses dépens et à plusieurs reprises. Il a même mis au jour, une version plus élaborée. Le juge, en connivence avec la partie adverse, a reporté sans raison l'audience à chaque fois qu'il a été présent, et l'a maintenue la fois où il était absent, et que le report était pourtant nécessaire et obligatoire puisque la partie demanderesse n'avait pas fourni ses conclusions à Laurent GRANIER ! Sans résistance morale ni intellectuelle, le magistrat a donné libre cours aux faveurs demandées...

Tout est authentique, et n'est pas de la simple théorie.
Les personnes concernées et impliquées, et ayant participé activement et directement, ce d'une manière incontestable et sans équivoque, sont principalement, d'une liste non exhaustive (Voir mise en demeure conjointe relative à l'affaire BOUHABEN-SITRI-BACCINO-MATHIEU-DEPIERRE) :
  – Les juges : Joël BOYER, Régine ROUX.
  – Les greffiers : Anne de FONTETTE, Sylvaine LE STRAT, J. PHILOCLES, et d'autres tels que les greffiers en chef de la Cour d'Appel de Paris, du TGI de Paris, du TGI d'Aix-en-Provence.
  – Les huissiers : René BACCINO, Pierre BRUGUIERE, Michel MATHIEU, Catherine DE BENEDICTIS, Géraldine COEFFARD, Anne SOBOLEWSKI, Pierre FOURY, Michel-Frédéric COUTANT, Alain GAULTIER, Joël MAZURE, et autres.
  – Les avocats : Frédéric BOUHABEN, SITRI, Cyril FABRE.
De forts soupçons et/ou d'avérées certitudes, c'est selon le cas, d'au moins de collusion et de corruption, pèsent avec de « drôles » d'équivoques, plus ou moins marquées, sur, d'une liste non exhaustive et en vrac, Yves MADRE, Jacques DALLEST, Anne LEZER, Pierre PHILIPPON, Pascal GUINOT, Dominique MOYAL, Danièle NATTA, certains acteurs de la Cour Appel d'Aix-en-Provence, Marie-Dominique GAILLARD, Bruno MOTEMPS, Gérard LEZAC, Vincent RAMPAL, Danièle PRIEUR, Gaëlle BAPTISTE, et le « petit dernier », Frédéric AMSELLEM.
Tous ont concouru et/ou concourent à dissimuler les forfaits frauduleux des huissiers. Même les avocats de Laurent GRANIER ont persisté à lui faire renoncer à poursuivre ces huissiers, et surtout à ne pas utiliser, ni à mentionner, ni à évoquer leurs forfaits de faux et d'usages de faux, même en tant qu'argument pour se départir des nuisances que toutes ces personnes lui ont causé et continuent de lui causer, et contre lesquelles il est obligé d'entreprendre de longues et de fastidieuses procédures, même celles civiles pour faire reconnaître seulement ses droits légitimes, qui sont bafoués allègrement par la bande. Tous ses avocats, sans exception, ont refusé d'en faire mention, malgré les preuves irréfutables, ce,

même pour défendre ses intérêts !

Cette autre affaire, plus complexe et plus longue puisqu'elle dure depuis quelques années (!), fait état des mêmes caractéristiques de nécessité de mise en demeure au représentant de l'état français que celle présente, face au constat indiscutable de l'absence pour Laurent GRANIER à pouvoir bénéficier d'équité au sein du système judiciaire français au regard de sa corruption et de sa propre implication, partie prenante à se délier de ses propres crimes et délits en les déniant.

L'évocation de cette affaire en la présente est utile, à la fois, pour cerner l'acharnement, et le profitable et nécessaire but commun de ces personnes à faire taire Laurent GRANIER par tous moyens à leur disposition, pour exprimer qu'elle n'est pas un cas isolé et que Laurent GRANIER n'a plus aucune alternative face au cumul des délits impunis dont est l'auteur, le système judiciaire français, mais aussi, pour leur corrélation, découverte par la suite, entreprise par David FUSINATO pour nuire aux intérêts de Laurent GRANIER, ce, afin de préparer son forfait, et de se garantir une impunité protectrice de l'exaction qu'il a organisée. Ce lien sera exprimé en aval de ce récit.

Suite à son agression, mais aussi aux menaces qui pèsent sur lui, Laurent GRANIER ne bénéficie cependant d'aucune protection de la part des autorités. Bien au contraire, la consigne de la part du procureur de Toulon est de le laisser seul, vulnérable. Au départ de l'enquête, au matin de l'agression, la gendarmerie régionale d'Aix-en-Provence devait se déplacer et superviser la remise de rançon, mais cela a rapidement et étrangement tourné court. Tout a été fait pour isoler Laurent GRANIER qui est sous le coup de l'ultimatum des 10 jours, à verser la somme exigée sous peine de mise à exécution de la menace de mort.

Il contacte l'AAVIV (Association d'Aide aux Victimes d'Infractions du Var), et Audrey TASSY est surprise du caractère grave et hors du commun de cette « infraction », non communiqué par le procureur. Elle contacte directement ce dernier, mais n'obtient aucune information, ni aucune aide.

Cette association ne sert à rien.

Ainsi, le procureur de Toulon, Xavier TARABEUX commet le délit de non assistance à personne en danger, tout en étoffant la collusion avec une organisation criminelle mafieuse par la garantie d'une totale impunité quant à leurs crimes passés, et, par conséquent, futurs.

Xavier TARABEUX n'a jamais écrit à Laurent GRANIER, il ne l'a jamais informé de rien, ni de l'état, ni des suites de l'affaire, ni même de l'identité et des coordonnées des services en charge de l'enquête...

Une campagne de discrédit est perpétrée par le parquet de Toulon et les autres autorités locales. Ce travail occulte continue et a été mis en exergue par les attitudes étranges de deux journalistes, l'un travaillant à M6, Anthony DESPRES, et l'autre en indépendant, Jean-Michel VERNE, pour, entre autres journaux, Paris-Match. Ils ont rencontré et interviewé Laurent GRANIER et devaient faire un sujet sur l'agression, mais aussi et surtout sur le mobile parallèle, la piste secondaire à celle présente, qui dévoile une autre facette puisqu'elle concerne une autre activité de la bande toulonnaise, avec laquelle s'est acoquiné David FUSINATO. En effet, ce dernier avait proposé à Laurent GRANIER, en décembre 2012, un stock de 50.000 prothèses mammaires P.I.P., détournées avant la mise sous saisie par les autorités. Elles devaient être écoulées à l'export et clandestinement, bien évidemment. Il est certain qu'avec une déclaration comme celle-ci, non seulement cela priverait certains acteurs officieux, et aussi officiels, de substantifiques boni, mais cela mettrait aussi en péril la réputation de l'intégrité des services en charge de la surveillance et du retrait de la circulation de ces produits nocifs, la gendarmerie du Var...

Aussi, rien n'a été entrepris par les autorités pour rechercher ces 50.000 implants dans la nature, commercialisés en douce par David FUSINATO pour le compte (« officiel ») de la bande à CALLEN.

Tout comme, rien n'a été fait par Jacques DALLEST, procureur de la République au TGI de Marseille, qui avait été informé de leurs existences directement par Laurent GRANIER à la fin du procès.

Les retrouver ferait perdre beaucoup d'argent à certains, et mettrait en défaut certains autres, s'ils ne sont pas les mêmes.

Tout concourt à rendre utile, profitable et nécessaire le discrédit des propos et de la personne de Laurent GRANIER. Ce dernier en aura la preuve indirecte par le silence soudain de ces deux journalistes qui se disaient intrépides, si ce n'est que celui de M6 est sous les foudres des dictatoriales décisions des services juridiques de la chaîne qui étudient tout reportage avant sa diffusion (la censure avant la censure), et qui étrangement, ne veulent plus évoquer le sujet pourtant utile pour alerter l'opinion sur la toujours présence de ce produit nocif sur le marché. Et ce, malgré l'inexistence de risque juridique dès lors qu'ils ne mentionnent pas les noms des protagonistes, et qu'ils en emploieraient le conditionnel. Le sujet doit gêner car ils ne veulent étrangement plus en parler alors qu'ils ont osé dénoncer d'autres faits moins graves, et d'autres circonstances sans intérêts ni répercussion sur le devenir de la santé de personnes, ce, sans en vérifier la réalité de l'information si ce n'est qu'elle émanait d'une source officielle, qui la rendait, évidemment authentique. L'aspect « précaution » ne touche que leurs petites personnes et la notion d'informer leur est étrangère.

Quant à l'autre journaliste, grand reporter de son état déclaratif, de son article paru une ou deux semaines après dans « Paris-Match », il s'est bien gardé d'évoquer cette information, commettant le délit de non dénonciation de crime et de participation à une subornation de témoin. Mais, il y a une explication à tout, et l'authentique est souvent celle qui n'apparaît pas au premier regard. Son espèce de prudence provient du passé douloureux d'une punition inique subie, commise par une bande du même acabit que celui à laquelle Laurent GRANIER est confronté, une autre, ou peut-être une similaire, ou peut-être la même dans sa grande majorité, et qui lui a fait chèrement payé sa faconde à divulguer la vérité, avec la complicité officielle de magistrats. Il est malheureusement devenu un taiseux.

Quoi qu'il en soit, ces deux-là ne répondront plus jamais aux courriels de Laurent GRANIER.

De drôles de journalistes qui ne creusent pas plus loin que le lieu où on leur a dit de faire...

Tous se gargarisent du rêve du prix « PULITZER », mais aucun d'entre eux n'en a ni l'étoffe, ni le mérite, ni le courage de divulguer et de dénoncer l'inacceptable. Aucun journaliste français n'est même digne de prononcer ou d'évoquer ce titre de rendu d'honneur à la profession. Sauf, seul, en 2013, celui qui a osé dévoiler la paroxysmique ignominie du « Mur des Cons », dénonçant le caractère misérable, abject, vomitoire des pensées de ceux qui constituent cette espèce d'association, dont chacun de leur membre a prêté serment d'intégrité, de probité et d'impartialité à l'institution même qui leur ont offert, en échange de cette promesse de noblesse morale et de loyauté, tout pouvoir, et ainsi fourni la délégation de la responsabilité d'œuvrer en son nom. Un délit de parjure absolu qui ne sera pas sanctionné par les autres magistrats, ce qui ne peut que laisser supposer à juste titre, qu'ils ont les mêmes viles et sales pratiques de coalition, de collusion et d'usages organisés et frauduleux de leurs fonctions et de leur pouvoirs à leurs seules fins personnelles, dès lors qu'elles puissent en procurer de quelconques bénéfices.

La confirmation de cette campagne de discrédit est apportée par les propos d'une avocate de Toulon qui s'occupait de certaines victimes de l'affaire P.I.P. Laurent GRANIER était entré en contact, durant le procès, avec Christine RAVAZ, afin de faire circuler cette information et d'obliger les autorités à rechercher ces produits nocifs qui ont donné lieu à un des plus grands procès de France, même s'il n'a été qu'une vaste fumisterie, et ainsi épargner la génération de plusieurs milliers de futures victimes. Suite à leur longue conversation téléphonique, Christine RAVAZ avait proposé un rendez-vous à Laurent GRANIER afin de monter au mieux un dossier à présenter au procureur. Mais, le jour venu, elle a annulé sans raison, et sans prévenir. Devant son insistance à connaître la raison de ce retournement subit de position et d'attitude, Christine RAVAZ a répondu :

« Cher Monsieur, je pense que vous devriez voir un psychiatre pour vous confier à lui, je suis peut être la première à avoir le

courage de vous le dire mais c'est vraiment indispensable je crois. J'espère que vous suivrez mon conseil.
Bien cordialement, …. ».

Une débilité de raisonnement, facile puisque sans argument ni fondement apporté, une manière généralisée de discrédit employée par les français-macons quand ils n'ont aucune matière pour rétorquer (ce qui est souvent le cas vu leur malhonnêteté et leur niveau bas du front, à laquelle Laurent GRANIER a répliqué :

« J'ai fait une erreur fondamentale. J'avais oublié que c'est votre mari qui avait "défendu" la cause de Mme MOREL, une "aide" qui s'est avérée catastrophique pour elle... Comme la présence des huissiers GUEDJ, BERTON, disparus du département...

Je comprends maintenant votre changement d'attitude au vu des éléments et surtout des noms que j'ai mentionnés dans les documents que je vous ai fournis. Des amis à vous.
Il m'arrive de faire des bévues et d'oublier ce que les gens sont par rapport à ce qu'ils ont fait par le passé. »

Aucune réponse.

Pour information, Mme Arlette MOREL est la personne qui avait été déjà escroquée par la bande l'année passée, et qui subissait les affres d'une récidive avec la collaboration du « nouveau » venu, BABAU, puisque ses prédécesseurs avaient dû montrer profil bas pendant que la chambre départementale effaçait leurs délits en payant les victimes plaignantes, et par ce faire, user de la subornation de témoins, avec la bénédiction du procureur local.

Cette « affaire » est celle de SIGNES, proposée alors à Laurent GRANIER, dont les circonstances spécieuses lui ont certifié le caractère crapuleux de ces « affaires » « miraculeuses » commercialisées par la bande CALLEN-FUSINATO, puisque cette dame se trouvait sous la contrainte de Georges CALLEN et de ses sbires, de signer la vente, sans bénéficier au préalable des délais d'un compromis, mais surtout, sans en connaître le montant de la transaction !

Afin de déterminer leur origine et leur(s) auteur(s), Laurent GRANIER déposera une plainte pénale contre Christine RAVAZ pour reprise et diffusion de propos diffamatoires, calomnieux et mensongers dans le but participatif de subornation de témoins et d'entraves à la manifestation de la vérité.

Pour information, Laurent GRANIER est loin d'être un débile. Au contrario de ceux qui tentent de saboter sa réputation sur de fausses allégations, il a de quoi exposer. Il a déposé près de 25 brevets d'inventions et une vingtaine de « Copyrights », il a écrit et publié plusieurs livres en français et en anglais, traitant du problème juridique des brevets, ou d'une nouvelle théorie sur l'extinction des dinosaures. Laurent GRANIER est aussi théoricien, designer, maître philosophe et fondateur de la Fondation « ANOTOW ».

Pour en revenir à l'agression, pas une seule ligne ne sera écrite sur cette opération « commando », peu fréquente pourtant dans les faits divers, même pas dans le quotidien local, alors que toute « mémère » ayant été mordue par son caniche chéri en aurait fait ses « choux gras ».

Par ailleurs, il est intéressant de noter que le jour de l'agression, au cours de l'audition de Laurent GRANIER à la gendarmerie, le commandant de la caserne s'était déplacé, la seule fois en trois jours, pour le rencontrer, et lui évoquer seulement le nom de René BACCINO, que celui-ci connaissait bien en tant que Président de la Chambre Départementale des huissiers. Un gendarme du Var qui connaît personnellement un huissier des Bouches-du-Rhône... Et que Laurent GRANIER met en cause dans une de ses pistes, et contre lequel il a déposé des plaintes pénales, et pour lequel il a découvert sa qualité de « parrain »...

Laurent GRANIER a compris qu'une histoire de « faux frères » unissait ces deux personnages.

Il a aussi compris que cette secte dégénérée gangrènent davantage la gendarmerie, milieu propice au devoir d'obéir aux ordres sans réfléchir ni âme ni conscience, que la police, puisque la corruption de cette dernière ne peut être organisée et donc généralisée, par l'absence d'une absolue hiérarchie, moins ancrée, moins concentrée et moins « associative » par le fait que ses acteurs peuvent être des « électrons libres ».

Quoi qu'il en soit, cette évocation résonnait comme une

« *signature* » *d'omniprésente omnipotence, une existence telle que l'avait évoquée un de ses agresseurs au matin :*

« *Nous sommes partout. Et si tu parles aux flics, nous le saurons... »...*

Pour la petite anecdote, une semaine avant son agression, Laurent GRANIER avait déposé deux plaintes pénales au TGI de Marseille et une auprès de la Cour d'Appel d'Aix-en-Provence où il nommait R. BACCINO et décrivait son rôle essentiel dans ces crapuleries commises par ces huissiers et celles de BOUHABEN...

Le 29 mars 2013, deux jours après l'agression, Romain CALLEN, fils du Georges, se présente officiellement pour la première fois, comme être envoyé par les vendeurs, et sans autre vérification de la possibilité de le faire, et il met en demeure Laurent GRANIER de signer l'acte authentique dans les quinze jours, faisant référence aux termes du compromis, mais en le déclamant comme une promesse de vente.

Le 02 avril 2013, répondant deux semaines plus tard après la requête de Me EYROLLES, mais seulement cinq jours après l'agression, et trois jours après l'espèce de mise en demeure de Romain CALLEN, Pascale BRANCHE, d'une synchrone complicité, comme pour faire croire que tout était parfait pour signer l'acte authentique, essaie de mettre Laurent GRANIER en, soi-disant, défaut, pour récupérer et soustraire le bien à la vente, mais aussi et surtout afin d'effacer toute poursuite d'investigations, et tout en utilisant un stratagème fallacieux pour récupérer gracieusement les 16.000 € du dépôt de garantie, en sus des 500 € qu'elle oublie systématiquement d'en noter l'existence puisqu'elle les a détournés en une pseudo avance sur frais qui s'avèrent être faux, ou du moins inexistants.

Le 10 avril 2013, Laurent GRANIER envoie sa réponse à Romain CALLEN, par courrier recommandé avec accusé de réception, et en transmets copie aux vendeurs, M. et Mme Michel PALMIERI.

Le 12 avril 2013, quinze jours après l'agression, Me EYROLLES subit un contrôle de la part de sa hiérarchie, subterfuge durant lequel les sbires du notariat usèrent de leur pouvoir pour prélever les informations et les documents des dossiers de Laurent GRANIER qui pourraient leur être utiles pour lui nuire et/ou pour lui exercer un chantage.

Pascale BRANCHE n'a jamais subi de contrôle de la part de ses pairs !

Le 17 avril 2013, vingt jours après l'agression, prétextant une fausse requête de la part de Laurent GRANIER à Romain CALLEN, mais qui sonne plutôt comme une notice explicative d'obéissance à l'exaction qu'il a déjà subie, Pascale BRANCHE envoie à Me EYROLLES, une espèce de protocole d'annulation du compromis, qu'elle prend soin de nommer « avant-contrat », selon l'interprétation et la consigne de Romain CALLEN. Ses termes sont unilatéralement fallacieux, abusifs et prohibitifs, à leurs seuls bénéfices, BRANCHE comprise, comme le fait d'abandon de toute poursuite de la part de Laurent GRANIER sans aucune compensation ni réparation des préjudices causés. Objet de protocole qui n'est d'autre qu'un chantage pour que Laurent GRANIER puisse récupérer ce qui lui appartient déjà, et que la notaire Pascale BRANCHE garde sous séquestre comme moyen de pression. Laurent GRANIER est dans une position où il supporte tous les préjudices puisqu'il a de l'argent dont il n'a pas la possibilité d'utiliser, alors que le vendeur ne subit absolument rien. Une iniquité absolue en sus de l'outil de chantage dont ils disposent avec la faveur du temps, qui ne leur cause aucune gêne ni préjudice d'attendre ad vitam eternam.

Le comble du protocole est que Pascale BRANCHE inscrit l'octroie de ce dépôt de garantie aux vendeurs !

Alors que tous les délits perpétrés, et que tous les torts, ne serait-ce qu'administratifs, sont du côté des vendeurs, Pascale BRANCHE propose un protocole qui est une escroquerie basée sur un chantage au détriment entier et unilatéral de Laurent GRANIER.

Face à cette impasse, sentant que l'affaire juridique pouvait tourner mal pour eux si elle restait dans les Bouches-du-Rhône, et malgré les exactions qu'ils ont commises à l'encontre de Laurent GRANIER, qui, aux périls de sa vie, persiste cependant à mettre au jours les actes délictueux, frauduleux et criminels de la bande dont Pascale BRANCHE, Jean-Fabrice ANSELMO et Anne LEZER, sont parties prenantes d'une manière satellitaire, *la bande CALLEN-FUSINATO n'a que l'issue de faire situer l'aspect juridique et judiciaire sur une place qui leur est favorable, où ils ont des « amis » et « partenaires », et dont ils ont toute maîtrise, autant sur le résultat d'un jugement opportun, que sur l'enfouissement d'un dossier gênant comme l'agression commise, en la juridiction de Toulon. Pour ce faire, le Romain CALLEN fait officiellement part du retrait de Pascale BRANCHE de l'affaire, par les vendeurs, prétextant le choix d'un autre notaire. Bien évidemment, aucun autre n'a été désigné, et ce, malgré les multiples demandes de Me EYROLLES en ce sens, auprès de Romain CALLEN, des vendeurs, et même de Pascale BRANCHE. Tous, sans exception, ont fait la sourde oreille, et ont laissé ses lettres mortes.*

Même Pascale BRANCHE persiste à jouer au même jeu, néfaste pour Laurent GRANIER, en ne répondant jamais aux demandes de Me EYROLLES, comme le fait d'inscrire le compromis aux hypothèques. Mais, cela serait gênant pour ses amis de la bande, et pour elle...

Comme à leur accoutumée, Romain CALLEN et Pascale BRANCHE font fi de toute considération juridique puisqu'elle ne peut être ni désistée, ni être retirée de l'affaire en cours au regard de ses multiples implications. Cette invocation est fallacieuse et fausse à plusieurs titres.

Pascale BRANCHE est la rédactrice, la conservatrice et la détentrice de l'original du compromis, elle est la conservatrice et la détentrice des fonds sous séquestre du dépôt de garantie, et elle est la personne qui a encaissé une avance sur frais pour l'obtention de documents, dont, d'ailleurs, Laurent GRANIER n'a jamais eu le décompte !

A cela s'ajoute le fait considérable que Pascale BRANCHE est la détentrice et la receveuse, et le témoin principal, d'un faux document auquel elle est d'une participation essentielle pour l'avoir reçu en vue d'un usage officiel. Mais, Pascale BRANCHE montre toujours une « spéciale » extravagante désinvolture, toujours bénéfique à son endroit et à celui de ses partenaires, d'autant plus que cet aspect pénal concerne spécifiquement, à double titre, Laurent GRANIER, personne dont l'identité a été usurpée, et victime en tant que personne lésée.

Pour un officier ministériel qui est censé appliquer et respecter la loi, elle en a une bien piètre connaissance, dont les lacunes restent toujours favorables et sélectionnées.

Pascale BRANCHE est totalement complice des agissements frauduleux et crapuleux, puisqu'elle n'a formulé aucune dénonciation aux autorités, mais, bien au contraire, elle a bénéficié de ses conséquences, mobiles et objectifs, pour se prémunir de poursuites en faisant taire Laurent GRANIER.

Ce stratagème de supercherie a été fomenté par la bande CALLEN-FUSINATO avec l'étroite collaboration de l'intéressée, Pascale BRANCHE, et par l'entremise du conseil-superviseur de Jean-Fabrice ANSELMO, en tant que président de la Chambre des Notaires des Bouches-du-Rhône.

Jean- Fabrice ANSELMO a inscrit délibérément la Chambre dont il avait la charge, et donc la corporation du notariat, et le ministère dont il dépend et auquel il a prêté serment, dans une une affaire frauduleuse et crapuleuse, puis criminelle.

Le notariat ayant une responsabilité communautaire légiférée, il est certain que les conseils juridiques de tout notaire, de tout représentant de cette corporation au sujet de la nature et de la qualité légale, ou non, de leurs actes ne peuvent être ni acceptables, ni recevables, ni même être entendus. Ceux-là ne sont pas désintéressés du résultat nécessaire d'un non lieu par la caution solidaire qui les unit au règlement des préjudices causés à leurs victimes.

Il est à rappeler que Pascale BRANCHE n'a jamais subi de contrôle de la part de ses pairs, mais, qu'en revanche, Me EYROLLES en a été l'objet, comme il a en été aussi d'intimidations, de pressions et de chantages dissimulés, même de la part de certaines personnes d'autorités, hors du notariat.

Jean- Fabrice ANSELMO et le notariat sont inscrits dans une affaire généralisée et organisée de corruption en ayant utilisé leurs pouvoirs abusivement et frauduleusement, de manière hors de propos et de raison au regard des charges dues à leurs fonctions, ce, à leurs fins personnelles exclusives, pour en user de moyens de chantage, de pressions, voire de nuisances pour faire taire les victimes et les témoins de leurs crimes et délits.

Jean-Fabrice ANSELMO est l'instigateur et le maître d'œuvre de cette corruption du notariat dans cette affaire.

Cet individu avait proféré des menaces à l'encontre de Laurent GRANIER par l'entremise de Me EYROLLES, s'il s'avisait de recommencer à divulguer la vérité.

Tout acte fait et signé de la part de cet individu, que cela soit au titre de président de la Chambre, ou même en tant que notaire simple, doit être scrupuleusement vérifié car chacun d'eux pourrait être entaché de nullité, tout comme ceux de Pascale BRANCHE, et des notaires qui ont participé au fallacieux contrôle de Me EYROLLES afin d'obtenir des informations confidentielles sur une personne précise, dans un but de chantage et d'intention de lui nuire.

La Chambre locale n'est pas à son premier coup de vice, notamment à l'encontre de Laurent GRANIER, car un de ses précédents présidents a officié par le passé, dans une similaire entreprise collusive avec le parquet de Marseille, pour mettre au point la dissimulation de certains paramètres et de certains acteurs d'une importante affaire d'escroquerie et de détournements. Il s'agit de Jean-Jacques FIORA, qui avait activement participé à une double entreprise de nuisance, faire barrage autant à son témoignage qu'à son dédommagement, en complicité avec leur assurance, la MMA, mais aussi celle de récupérer une de ses affaires en cours pour le compte d'un de ses amis, un certain KAKOU, une promotion immobilière d'une centaine de logements à Marseille, en 2004... Le « KAKOU » ayant été présenté à Laurent GRANIER par l'entremise d'un certain FUSINATO...

Une affaire dont Laurent GRANIER en a été la victime, et l'instigateur de la plainte pénale, ce qui explique davantage l'acharnement délibéré de la Chambre à se venger de lui.

Pour en revenir à la conjonction entre cette affaire et celle évoquée précédemment de « BOUHABEN-SITRI-BACCINO and Co », elle a été entreprise par David FUSINATO, puisqu'ils avaient un ennemi en commun. FUSINATO cherchait des appuis pour parfaire « son autorité » sur Laurent GRANIER, afin que ce dernier relâche son attention sur les pléthores crimes et délits que la bande commettait. Ainsi, riche des informations volées à Laurent GRANIER au cours de son agression,

FUSINATO a fourni en échange d'une certaine « protection » de la part des membres influents de l'autre bande, des informations sensibles tels que le numéro de son compte bancaire à un des principaux protagonistes de l'escroquerie en bande organisée citée précédemment, les huissiers MATHIEU, De BENEDICTIS et COEFFARD, qui ont plongé dans le délit de recel.

Concomitamment, il s'est alors passé une drôle d'histoire puisque Laurent GRANIER a été confronté à des attitudes hors du commun au point d'être illégales, frauduleuses et abusives de la part des représentants de l'agence bancaire de Toulon de HSBC FRANCE, à savoir, Jean-Yves GILBERT, directeur, et Vanessa JUGE en charge des clients « privilégiés ».

Laurent GRANIER s'est retrouvé « assiégé » dans cette agence, dans l'impossibilité de transférer son compte vers une autre d'une autre ville, comme Paris, plus en adéquation avec son adresse, mais aussi parce qu'il avait découvert auparavant des agissements frauduleux de la part de ces personnes, et qu'il a mises en cause. Les outils de pression et du chantage, abusifs et illégaux, ont été entrepris par Jean-Yves GILBERT et Vanessa JUGE à l'aide d'un mémo interne comportant de fausses informations, des propos diffamatoires et calomnieux, qu'ils ont rédigé, élaboré, colporté et diffusé auprès des employés des autres agences de cette banque, engendrant leur collaboration et leur participation à cette manigance de chantage par, entre autres misères, le refus de transfert, tel que l'a appliqué à la lettre, Vincent PAGNY.

Ainsi, cela a permis à un des huissiers véreux susnommés dans l'autre affaire, d'exercer un « hold-up » du haut de sa tacite autorité de fonction, à l'aide d'un faux document, d'une abusive somme requise et du jugement de complaisance fourni par Régine ROUX, ce, tout en commettant le recel d'informations volées au cours d'une agression. Ainsi, ceci permet de constituer la preuve de sa connivence et de sa collaboration avec le clan CALLEN-FUSINATO contre les intérêts de Laurent GRANIER. Ceci a été possible avec le concours des huissiers Jean-Luc GIORDANO et Ludovic GONGORA, mais aussi de Béatrice ANDRE, Aymeric ANDRE, Caroline FABRE.

La connexion des représentants locaux de cette banque en les personnes de Jean-Yves GILBERT et de Vanessa JUGE, avec le milieu de ce banditisme toulonnais est sans équivoque sur bien des points puisqu'ils auraient du mal à justifier leurs multiples et variées extravagantes et abusives actions délictueuses à l'encontre et aux seuls préjudices de leur client, Laurent GRANIER. La preuve en est de leur garantie d'impunité est qu'ils ont profité du subterfuge pour détourner en sus, plus de 12.000 € depuis un autre compte, sans que Laurent GRANIER n'en ait reçu les justificatifs...

Quant aux dirigeants de HSBC FRANCE, Messieurs Samir ASSAF et Jean BEUNARDEAU, ayant été pourtant informés au préalable de la « délicate » situation, ils n'ont rien fait d'autre que de couvrir les fraudes de leurs employés, s'en rendant complices passifs. Les malversations de la bande toulonnaise, comme de toute autre, nécessitent une banque pour se réaliser et s'offrir une tenue officielle...

Pour parfaire le tableau et comprendre les mélanges de genres, et surtout leur complémentarité, il est utile d'avoir les informations des activités passées et présentes de David FUSINATO.

David FUSINATO possède de nombreux biens immobiliers, deux immeubles et des magasins à Aubagne, un immeuble et un terrain constructible d'une valeur de 500.000 € à Roquefort La Bédoule, deux maisons à La Ciotat (son domicile 42, rue d'Alsace et l'autre au 385 Boulevard de Beau Rivage, en viager pour lequel il a versé 500.000 € de bouquet et 5000 € mensuel, une affaire présentée par l'infirmière soignant le « vendeur » dont la vie serait « en cours d'extinction », naturelle ou autre...), un yacht de 15m et sa place à Bandol.

FUSINATO perçoit 15.000 euros de revenus locatifs, dont la majorité est non déclarée.

Il triche sur les ventes de ses biens, en prenant des dessous de tables, mais aussi en présentant de fausses factures pour réduire les plus-values, ou simplement en faisant de fausses déclarations, tout cela sous l'œil « protecteur » de sa notaire privilégiée, Pascale BRANCHE.

Pour parvenir à un tel patrimoine à son âge, il a certes

travaillé sur les chantiers pour rénover ses immeubles, mais il a aussi et surtout obtenu de nombreux biens (matériaux, fournitures et autres) « gratuitement ». En effet, son autre activité est le cambriolage, qu'il exerce principalement avec un des ses employés pour ses chantiers de construction et de rénovation, mais « en extra » dans ces cas particuliers. Il a toujours volé, son casier en atteste, que cela soit en « individuel », dans les magasins de vêtements de luxe comme à Saint-Tropez, ou dans les grands magasins de multimédia (« Planet Saturn », par exemple), ou sur les chantiers, pour se procurer matériaux, portails, et autres outillages comme des engins de TP, qu'aussi, « en bande », pour de réels cambriolages pour leurs valeurs sonnantes et trébuchantes. Avec les LEDUC et Hafed MERJI, ils forment une bande dont il est le chef, pour commanditer certains vols musclés qu'il organise. Il y a environ deux ans, FUSINATO se vantait d'avoir fourni à ceux-là des explosifs, qu'ils ont utilisé sur des automates bancaires, dans la région de La Ciotat.

Pas regardante sur la qualité de ses « membres », bien au contraire, la française-maconnerie recrute dans le menu fretin, qui lui a toujours été utile pour « exercer » les basses besognes, des « travaux du soir » qui seront échangés, avec les autres « frères » et « sœurs », par d'autres « travaux du soir », échanges de « bons » « procédés » et de services, comme celui d'une « protection » juridique, d'autant plus efficace qu'elle est occulte et infiltrée dans toute part...

La laideur de l'humanité, si tant est qu'il soit possible d'inclure cette race dans cette espèce.

Munies de toutes ces informations, de toutes ces preuves, les autorités locales, en la gendarmerie du Var, et en les parquets de Toulon et de Marseille, n'ont rien entrepris contre les protagonistes, même contre la bande mafieuse à l'origine des faits ! Et donc, elles n'ont absolument rien fait pour la protection de Laurent GRANIER, bien au contraire...

Aussi, soussigné Laurent GRANIER, dont la liste des délits est non exhaustive,

- **J'accuse Pascale BRANCHE en sa qualité de notaire,** *de corruption d'officiers ministériels et de membres du système judiciaire ayant autorité, d'escroquerie en bande organisée, de complicité d'actes criminels en bande organisée, de collusion de membres du système judiciaire avec une organisation criminelle, de non dénonciation de délits et/ ou de crimes, de complicité de faux et d'usage de faux, de complicité d'usurpation d'identité, de complicité d'intimidations, de complicité de menaces de mort, de complicité d'exactions physiques, de complicité de vols, de recels, de demande de rançons, de chantage, de détournement de fonds, de rétention de documents et d'informations, de complicité de subornation de témoins, de complicité de négationnisme, de faux témoignages, de détournement de fonds,...*

- **J'accuse Jean-Fabrice ANSELMO en sa qualité de président de la Chambre des Notaires des Bouches-du-Rhône,** *de complicité des actes délictueux commis par Pascale BRANCHE en cette affaire, avec le facteur aggravant de sa position dominante, mais aussi, d'émissions, de diffusions et de propagations de propos diffamatoires et calomnieux dans une intention de nuire en vue de discrédit et de chantage, de subornation de témoins, d'entraves à la manifestation de la vérité, dissimulations de délits, faux témoignages...*

- **J'accuse Anne LEZER en sa qualité de vice-procureur au TGI de Marseille,** *de corruption d'officiers ministériels et de membres du système judiciaire ayant autorité, complicité d'escroquerie en bande organisée, complicité passive d'actes criminels en bande organisée, collusion de membres du système judiciaire avec une organisation criminelle, faux et usage de faux, complicité indirecte d'usurpation d'identité, d'intimidations, de menaces de mort, d'exactions physiques, de vols, de* *recels, de demande de rançons, de chantage, d'entraves à la manifestation de la vérité, participation à l'émission, la diffusion et la propagation de propos diffamatoires et calomnieux dans une intention de nuire, dissimulation de délits, de complicité de négationnisme, de faux témoignages, de détournement de fonds,...*

- **J'accuse Xavier TARABEUX en sa qualité de Procureur au TGI de Toulon,** *de non assistance en personne en danger, non seulement au sujet de ma personne mais aussi de celles des victimes passées et futures par les crimes prévenus qui n'ont pas été entravés, de collusion avec une entreprise criminelle, d'entraves à la manifestation de la vérité, de subornation de témoins, de n'avoir pas pris les mesures préalables contre les auteurs dénoncés lors de la première plainte pour endiguer ce qui permettra l'agression, de n'avoir pas entrepris les démarches et actions nécessaires pour retrouver les ordinateurs et les documents confidentiels et sensibles qui m'ont été volés, de complicité de corruption d'officiers ministériels et de membres du système judiciaire ayant autorité, de complicité d'escroquerie en bande organisée, de complicité d'actes criminels en bande organisée, de collusion de membres du système judiciaire avec une organisation criminelle, de complicité indirecte d'intimidations, de menaces de mort, d'exactions physiques, de vols, de recels, de demande de rançons, de chantage, avec le facteur aggravant de sa position dominante, d'émissions, de diffusions et de propagations de propos diffamatoires et calomnieux dans une intention de nuire en vue de discrédit et de chantage, de subornation de témoins, d'entraves à la manifestation de la vérité, dissimulations de délits,...*

- **J'accuse Jacques DALLEST en sa qualité de Procureur au TGI de Marseille,** *de corruption pour systématiquement ignorer mes plaintes pénales malgré les preuves accablantes et irréfutables qui les accompagnent, et d'en déléguer la responsabilité à sa* *subalterne, Anne LEZER, qui lui sert tout d'abord de paravent, et de fusible si besoin était, dans les cas où il est contraint d'y répondre, toujours par une fin de non recevoir, et toujours sans motivation juridique ni argument spécifique contextuel, si ce n'est que pour des raisons purement personnelles.*

- **J'accuse Christiane TAUBIRA, en sa qualité de Garde des Sceaux en 2013,** *de corruption par la complicité passive de tous les chefs d'accusations de ses représentants, officiers ministériels, les notaires Pascale BRANCHE et Jean-Fabrice ANSELMO, mais aussi de ceux concernant les représentants de la République, sous la fonction de Procureurs, à savoir, Jacques DALLEST, Xavier TARABEUX et Anne LEZER.*

- **J'accuse Laurent VALLEE en sa qualité de directeur général de la DACS,** *des mêmes chefs d'accusations que ceux portés à sa responsable hiérarchique, Mme La Garde des Sceaux*

2. Affaire « BOUHABEN-SITRI-BACCINO-MATHIEU-DEPIERRE ».

Les principaux protagonistes officiels, actifs participants et bénéficiaires des délits, pour le compte et en association avec une bande organisée de malfaiteurs, sont :

- **Les juges : Joël BOYER, Régine ROUX.**
- **Les greffiers : Anne de FONTETTE, Sylvaine LE STRAT, J. PHILOCLES, et d'autres tels que les greffiers en chef de la Cour d'Appel de Paris, du TGI de Paris, du TGI d'Aix-en-Provence.**
- **Les huissiers : René BACCINO, Pierre BRUGUIERE, Michel MATHIEU, Catherine DE BENEDICTIS, Géraldine COEFFARD, Anne SOBOLEWSKI, Pierre FOURY, Alain GAULTIER, Joël MAZURE, Michel-Frédéric COUTANT, Jean-Luc GIORDANO, Ludovic GONGORA, Béatrice ANDRE, Aymeric ANDRE, Caroline FABRE.**

- *Les avocats : Frédéric BOUHABEN, SITRI, Cyril FABRE.*
- *Les Procureurs de la République : Anne LEZER, Pascal GUINOT, Dominique MOYAL*
- *Les juges d'instruction : Yves MADRE, Danièle NATTA*
- *Les responsables de la CCI d'Aix-en-Provence : Dominique GAILLARD, Bruno MOTEMPS*
- *Le conservateur des hypothèques à Aix-en-Provence : Gérard LEZAC*

Ceux en complicité collusive avec la partie adverse, ex avocats de Laurent GRANIER :
- *Vincent RAMPAL, Gaëlle BAPTISTE, Frédéric AMSELLEM.*

Ceux en complicité passive :
- *Christiane TAUBIRA, Garde des Sceaux en 2013,*
- *Laurent VALLEE, en sa qualité de directeur général de la DACS.*
- *Jacques DALLEST, en sa qualité de procureur au TGI de Marseille.*

Exposé historique, circonstancié et environnemental.

Il est tout d'abord précisé que les points et actes évoqués, notamment les délits de corruptions sous plusieurs genres et aspects de certains membres du système judiciaire français, qui s'épandent en cette affaire tentaculaire sur plus de 4 années, sont d'une liste non exhaustive. Leur évocation réside dans la pertinence descriptive de l'environnement et du contexte spécieux dans lesquels Laurent GRANIER a été inscrit à ses dépens et contre son gré, par les acteurs influents positionnés à des postes clés du système judiciaire français. Les points précis de, quasiment, toutes les fraudes des huissiers, des juges et des greffiers étant répertoriés dans chacune des plaintes pénales déposées, le récit qui suit est simplifié afin d'en être digeste. Cependant, pour se donner une idée exacte du niveau élevé de corruption, et surtout de son mode complémentaire et associé, notamment par les interventions des huissiers et des juges, avec l'assistance de greffiers, mais aussi des procureurs, il sera ajouté à la fin, un précis sur la manœuvre originelle des fraudes et des délits.

L'emploi de la 3° personne a pour but de rendre avantageusement compréhensible et réutilisable le récit.

Début 2008, une agence immobilière d'Aix-en-Provence a fait signer à Laurent GRANIER un compromis de vente avec Claude DEPIERRE, pour le terrain que possédait la SCI « Le Marroun », dont Laurent GRANIER est le gérant actionnaire majoritaire.

Par la suite, Laurent GRANIER a vite découvert que celui-ci était un malfrat, faisant du blanchiment d'argent pour le compte de « certains », jouant de crapuleries, et qu'il s'était réfugié dans la région marseillaise depuis qu'il était « grillé » en tant que promoteur dans sa région originelle de Lyon, où il avait été incarcéré pour une sombre affaire immobilière...

L'affaire tomba à l'eau, et le compromis fut annulé. Cependant, Claude DEPIERRE, comme à son habitude, escroqua la SCI « Le Marroun » et Laurent GRANIER de la somme de 30.000 € quant à son défaut de réalisation des obligations contractuelles, ce, avec l'aide de son notaire comparse Bernard PERROT, dont la femme est agent immobilier à Marseille...

Fort de nombreuses autres découvertes du sieur, Laurent GRANIER a déposé une plainte pénale au TGI de Marseille, contre lui, et contre ses acolytes, notamment son notaire Bernard PERROT.

Le Procureur de la République, comme à son habitude, l'a ignorée, et Laurent GRANIER a dû se constituer partie civile auprès du Doyen des Juges d'Instruction. Un juge fut nommé mais l'affaire ne fut jamais instruite.

C'était le 09 février 2012.

La plainte pénale fut publiée sur internet, entre autres sur un site, et plus précisément sur une page du site « www.arno-mag.com ».

Claude DEPIERRE, aidé de son comparse avocat Frédéric BOUHABEN, associé à Cyril FABRE, fit faire un constat d'huissier fantaisiste et fallacieux par ERIC ALBOU & CAROLLE YANA, et porta l'affaire devant le TGI de Paris, en référé, pour diffamation, mais pas contre l'auteur, mais contre le directeur de publication. Le site était enregistré sous un homonyme, certes, mais sans aucune autre information d'identité, ni certification des renseignements fournis.

Il assigna le « Laurent GRANIER » cité dans ledit constat fallacieux de ERIC ALBOU & CAROLLE YANA, sans aucune autre information d'identité, à l'adresse mentionnée des USA, et l'affaire fut entendue le 3 septembre 2009.

Aucun Laurent GRANIER ne fut présent, car d'une part, si cela s'adressait au Laurent GRANIER de la présente, il n'a plus séjourné aux USA depuis fin 2008, et d'autre part, l'assignation fut remise, en septembre 2009, le jour même de l'audience, de plus, à un inconnu !

Mais, qu'importe, le système judiciaire français a pour habitude de considérer les absents comme des salauds, d'autant plus quand ils sont « défendeurs ».

Pourtant, le juge du TGI de Paris, Joël BOYER, en pleine connaissance du défaut de signification, puisqu'elle est censée avoir été présentée en anglais non traduit, retint cependant l'affaire, et condamna facilement UN « Laurent GRANIER », sans aucune information autre sur son identité que ce nom et prénom, sans mention de sa nationalité ou de sa date et lieu de naissance.

Ainsi, sur une procédure non seulement basée sur de fallacieuses et incomplètes déclarations des huissiers Alain GAULTIER et Joël MAZURE, et de ERIC ALBOU & CAROLLE YANA, Joël BOYER a fait aussi fi des graves manquements procéduraux qui le concernaient personnellement quant sa propre responsabilité, pour n'avoir même pas eu cette signification non traduite puisqu'elle a été faite le jour même de l'audience, aux USA!

Le duo BOUHABEN-DEPIERRE et sa bande ont continué la même manœuvre qui avait si bien fonctionné, c'est-à-dire, enrober la procédure d'une forme de légalité, en signifiant ledit jugement par le même organisme américain de remise de documents à la même adresse où ils étaient sûrs de ne pas trouver le Laurent GRANIER de la présente, et par conséquent, de ne pas l'informer, ni l'alerter quant à leur « drôle » d'entreprise passée, mais surtout à venir.

La demande à l'organisme fut le 1° octobre, pour un jugement rendu le 17 septembre 2009. Cette date est celle de demande à l'organisme américain, non celle de (fausse) remise du 23 novembre. Pourtant, c'est cette date du 1° octobre qui sera retenue par le greffier de la Cour d'Appel pour émettre un certificat de non appel le 08 décembre, dont le délai partait, selon son estimation, du 1° octobre et s'achevait le 15 octobre !

Dans leurs précipitations favorables, cette espèce de greffier en oubliait d'une manière miraculeuse, le délai supplémentaire des deux mois pour les personnes résidentes hors de métropole !

Fort de ce vrai faux certificat, toujours à l'insu du Laurent GRANIER de la présente, en avril 2010, la bande de malfrats a nanti les parts de la SCI en question qui lui appartenaient, ce, grâce au providentiel caractère benêt de la personne en charge des inscriptions en la Chambre de Commerce d'Aix-en-Provence. Bruno MOTEMPS n'a trouvé rien à redire sur les fautes élémentaires de procédures relatives aux délits commis par Michel MATHIEU, Catherine DE BENEDICTIS et Géraldine COEFFARD qui ont falsifié et utilisé de faux documents et émis de fausses déclarations. Il est à noter que, même par après avoir été informé par Laurent GRANIER de la situation frauduleuse, ni Bruno MOTEMPS, ni Dominique GAILLARD, présidente de ce tribunal, n'a entrepris une quelconque procédure pour rectifier leurs erreurs et leurs méprises, se rendant complice volontaire en pleine connaissance des délits prouvés. Ainsi, le caractère prémédité de leurs actes de complicité est sans équivoque.

Le but était de voler à Laurent GRANIER, les parts de la SCI, toujours propriétaire du terrain convoité par le DEPIERRE. Le butin était gras, et il permettait d'arroser toutes ces personnes, et la confrérie qui les abrite. Les partis politiques ont leurs financements occultes, et il en va de même avec cette organisation mafieuse...

Bien entendu, usant des manières qui avaient précédemment fonctionné, la bande BOUHABEN-DEPIERRE-MATHIEU ont fait leur signification toujours à cette adresse obsolète des USA.

L'organisme américain de délivrance des actes « authentiques », cette fois, ne fut pas zélé dans l'illégalité, et « resta dans les clous ».

La notification ne put être remise, même pas à un inconnu. Cet organisme a donc établi une attestation de non remise, cette fois-ci.

Leurs trois attestations ont toujours été présentées par ces personnes officielles en France, avocats et huissiers, sous leur forme originale, en anglais, jamais traduites...

Et pour cause, les documents ainsi présentés aux instances françaises, en anglais, étaient surtout détournés de leur sens, au point que celui de la signification de nantissement l'était de son absolu contraire !

Pour information, Laurent GRANIER n'a jamais eu en mains, ni l'original, ni la traduction de l'attestation de la signification de jugement demandée le 1° octobre 2009.

Malheureusement pour eux, Laurent GRANIER s'en aperçut et découvrit le subterfuge de l'escroquerie.

Laurent GRANIER a dû aller devant le juge de l'exécution pour faire reconnaître la supercherie de la signification du nantissement, et il put le faire radier par le jugement du 6 janvier 2011 qui entérinait le délit de faux et d'usage de faux de la part des huissiers Michel MATHIEU, Catherine DE BENEDICTIS et Géraldine COEFFARD.

Laurent GRANIER a déposé une plainte pénale contre Claude DEPIERRE, mais aussi contre Michel MATHIEU, Catherine DE BENEDICTIS et Géraldine COEFFARD, auprès du procureur de la République du TGI d'Aix-en-Provence. Mais, face à l'absence de considération de ces graves délits par ledit procureur, Laurent GRANIER a réitéré sa plainte auprès du Doyen des Juges d'instruction de ce TGI d'Aix-en-Provence, faisant expressément omission de ces huissiers d'Aix-en-Provence parmi les identités sur lesquelles les plaintes sont portées, ce, afin que l'affaire ne soit pas enterrée pour les protéger...

Laurent GRANIER fut convoqué le 18 octobre 2011 au sujet de sa plainte, par Danièle NATTA, Doyen des Juges d'Instruction au TGI d'Aix-en-Provence, et il comprit rapidement, par l'attitude méprisante et vindicative tenue par cette magistrate, que c'était un piège qui lui avait été tendu. Il eut confirmation de cette préméditation par la confidence d'une de ses relations...

L'affaire fut retenue face à la ténacité de Laurent GRANIER, et Laurent GRANIER attend toujours les suites de l'instruction qui avait pris naissance, le 29 août 2011...

Dès la connaissance des tenants et aboutissants de ces procédures abusives, mais surtout frauduleuses de la part d'huissiers, d'un juge et de greffiers, Laurent GRANIER a immédiatement déposé une plainte pénale auprès du Procureur de la République du TGI de Paris contre le juge Joël BOYER, pour, entre autres délits, corruption et complicité d'escroquerie. Rien ne lui a été répondu. Laurent GRANIER a dû déposer une plainte avec constitution de partie civile auprès du Doyen des Juges d'instruction, et pour ce faire, il a dû s'acquitter de la somme de 2500 € au titre de consignation, en tant que victime directe, après que Sylvia ZIMMERMANN ait tenté, en vain, au subterfuge classique de non conformité du dépôt de plainte. Depuis, rien de la part de Yves MADRE, juge d'instruction en charge de l'affaire. C'était le 03 septembre 2012 !

Parallèlement, Laurent GRANIER a déposé une plainte pénale auprès de Jacques DALLEST en personne, Procureur de la République du TGI de Marseille, contre Frédéric BOUHABEN, contre les huissiers Michel MATHIEU, Catherine DE BENEDICTIS, Géraldine COEFFARD, et contre Claude DEPIERRE. Rien ne lui a été répondu. Laurent GRANIER a dû déposer une plainte avec constitution de partie civile auprès du Doyen des Juges d'instruction, et pour cela, en tant que victime directe, il a cependant dû s'acquitter de la somme de 2000 € de consignation, pour les chefs retenus de faux et usages de faux, altération frauduleuse de la vérité dans un écrit (falsifications), escroquerie en bande organisée, corruption active, subornation de témoins. Et depuis, rien de la part de Pierre PHILIPPON, Doyen des Juges d'instruction. C'était le 03 août 2012 !

Laurent GRANIER pensait en avoir fini avec cette bande de malfrats lorsqu'ils ont réitéré le même manège, toujours à son insu, le même nantissement au printemps 2011. Mais, pour conserver l'avantage que consacre les juges en la place du « demandeur » et à la défaveur du « défendeur », notamment lorsqu'il est absent, la bande BOUHABEN-DEPIERRE-MATHIEU l'a devancé devant le juge de l'exécution. La bande se dispensant de toute formalité procédurale, Laurent GRANIER ne fut même pas informé de l'audience, et ne fut donc pas présent.

Malheureusement pour eux, ils sont tombés à nouveau sur la seule juge intègre au TGI d'Aix-en-Provence, Paulette LE CLANCHE, qui connaissait le sujet pour avoir rendu ce verdict du 6 janvier 2011 qui validait tacitement les faux et usage de faux, par les fausses déclarations et fausses attestations des huissiers Michel MATHIEU, Catherine DE BENEDICTIS et Géraldine COEFFARD, au cours de leur précédent nantissement des parts.

Même en l'absence de Laurent GRANIER, la juge intègre de l'Exécution, ordonna le renvoi de l'affaire tant que les autres ne fourniraient pas la traduction du certificat d'attestation de signification du jugement du 23 novembre (celle demandée le 1° octobre).

Laurent GRANIER reçut ce jugement, et par la même occasion, fut informé de l'existence de cette procédure !

Le 18 octobre 2011, (le même jour de son étrange entretien avec Danièle NATTA, qui fut vain pour cette dernière qui cherchait à le mettre en défaut...), une assignation fut expédiée à Laurent GRANIER, de la part du greffier, sans aucune mention de son identité, du TGI d'Aix-en-Provence, ce, pour comparaître à l'audience du 24 novembre 2011, auprès d'un juge de l'exécution, sans aucune espèce de précision quant à la nature de l'affaire. Sans savoir même ce à quoi elle correspondait, si ce n'est qu'il ne pouvait penser qu'elle ne devait qu'être la suite de celle du 07 juillet 2011, statuée par Paulette LE CLANCHE, qui demandait la traduction des documents, Laurent GRANIER ne se voyait guère inquiet, sachant qu'il pouvait prouver que rien ne lui avait été remis, n'étant plus aux USA depuis un an, à cette période.

La veille de l'audience, n'ayant reçu absolument aucun élément de la partie adverse, tout autant qu'il ne pouvait l'informer de ses éventuelles conclusions puisque son courrier recommandé à DEPIERRE lui était revenu comme « inconnu à l'adresse déclarée », Laurent GRANIER a informé le juge de l'impossibilité de la tenue de cette audience. N'ayant pas de temps à perdre non plus, Laurent GRANIER ne s'est pas rendu sur place le jour même.

Et le jugement du 19 janvier 2012 arriva !

L'escroquerie atteignait son record avec Régine ROUX, digne suiveuse de son corrompu homologue « confrère », Joël BOYER, puisque cette procédure était en définitive la liquidation de l'astreinte dudit BOYER.

Régine ROUX a fourni un jugement de complaisance à la bande, basé sur de fausses déclarations, de faux documents et de fallacieuses attestations fournis par René BACCINO et par Pierre BRUGUIERE, actes de leur part doublés de manquements procéduraux fondamentaux, en sus de factures abusives et d'exploits irrespectueusement incomplets.

Il est à noter que René BACCINO est un membre actif permanent au sein de la Chambre Départementale des Huissiers, pour avoir été à cette date, son président. Il a usé de sa qualité de « parrain » mafieux régional pour étouffer les délits de ses confrères, comme il l'a fait par ailleurs, pour d'autres fraudeurs de sa profession. René BACCINO a ainsi protégé Michel MATHIEU, Catherine DE BENEDICTIS et Géraldine COEFFARD auprès des principaux membres influents du TGI d'Aix-en-Provence, avec qui, il entretient d'étroites et d'étranges relations qui ne peuvent rien lui refuser.

Laurent GRANIER ayant mis en cause directement Frédéric BOUHABEN, l'acolyte, associé et, beau-frère ou gendre, c'est selon l'identité dudit personnage, un SITRI, sans mention de son prénom dans l'ordonnance de jugement (!), fut en charge de la plaidoirie gagnée d'avance auprès de Régine ROUX. Fort de la présence du duo de mafieux SITRI-BACCINO, la bande a obtenu de la part de la complaisante et partiale juge Régine ROUX, la condamnation de Laurent GRANIER à 20.000 €, en sus des 10.000 précédemment offerts par son homologue tout aussi corrompu, qui a fourni le jugement originel de complaisance, Joël BOYER.

Il est intéressant de noter que l'évocation de la mise en cause pénale de BOUHABEN au sein de cette procédure, a été faite par Laurent GRANIER lors de son courrier à l'attention du juge, transmis la veille de l'audience, et que la délicate et confidentielle information a été fournie directement à l'intéressé, par cette juge le jour même de sa réception... Collusion...

Une plainte pénale a été déposée auprès du procureur général de la république de la Cour d'Appel d'Aix-en-Provence contre la juge Régine ROUX, pour entre autres délits, de corruption. Rien ne m'a été répondu. Laurent GRANIER a compris que la corruption rejaillissait aussi sur des membres de cette Cour.

Laurent GRANIER devenait gênant car ses arguments étaient aussi indiscutables que ses preuves étaient accablantes et irréfutables. Leur seule option était d'en venir à la contrainte physique pour le faire taire.

La manœuvre criminelle a été confiée à Dominique MOYAL, procureur du TGI d'Aix-en-Provence. Criminelle car, pour faire taire Laurent GRANIER, fin 2011-début 2012, elle tenta d'user de son omnipotente fonction, mais surtout dictatoriale, puisque n'ayant aucun compte à rendre par ces magnifiques lois françaises octroyant un surclassement en ces circonstances, ce, en échafaudant un stratagème pour le faire interner avec la collaboration collusive de Isabelle RICHOU ! Mais, Laurent GRANIER n'est pas tombé dans le piège, tout en conservant les preuves de ce crime, caractérisé par un abus de pouvoir absolu, et qui décrit, de plus en plus, ainsi un sale « réseau » prêt à tout pour effacer les témoins des délits des membres de leur organisation.

Laurent GRANIER a alerté le ministère responsable de ces officiers ministériels et dont la charge est de vérifier au bon fonctionnement de leurs charges. Par deux fois, il a alerté le Garde des Sceaux. La première fois en 2009, mais Rachida DATI n'a jamais répondu, plus occupée à choisir ses toilettes chez les grands couturiers... La seconde fut à l'attention de son successeur, Michel MERCIER, à la prise de son mandat. Ce dernier, compétent, a délégué cette affaire à Régis PIERRE, qui n'a rien fait dès lors qu'il a eu en mains les éléments sensibles sur ce réseau de corruption de ses représentants territoriaux.

L'autre manœuvre frauduleuse de la bande, usant de faux, de falsifications et de fausses déclarations d'huissiers, fut celle de l'inscription d'une hypothèque sur le terrain que possédait la SCI, objet de convoitises.

Toujours à l'insu de Laurent GRANIER, les officiers ministériels Anne SOBOLEWSKI et Pierre FOURY prêtèrent assistance aux malfrats, et ne se génèrent pas pour utiliser de fausses déclarations de tiers, par une bénéfique absence de vérification ni de l'identité ni des dires de leur(s) auteur(s). Exploits effectués en pleine connaissance de leur caractère faux, et d'une manière délibérée puisque, une fois tous deux informés de la supercherie, Anne SOBOLEWSKI persista et ne fit rien pour corriger ce qui aurait pu être une simple erreur, ou un oubli de sa part.

Tous ces malfrats usent personnellement de leur fonction d'officier ministériel en commettant des délits, car ils se savent protégés par le « parrain » local, René BACCINO.

Cette inscription fut réalisée grâce au même genre de complicité passive, fournie par le responsable de leur enregistrement, que celle du nantissement de parts, ici le Conservateur des Hypothèques, à savoir, Gérard LEZAC, pour un montant de 4.500 € au nom d'un jugement ne condamnant qu'à 3.500 €...

Il cst intéressant de noter que cette condamnation émane d'une audience qui s'est tenue aussi à l'insu de Laurent GRANIER, grâce à l'entremise de la collusion de son ancien avocat, Vincent RAMPAL, avec la partie adverse. Celui-ci avait catégoriquement refusé de mettre en exergue les délits de ces officiers ministériels au cours d'une des procédures dont il avait la charge, celle, déjà décrite, auprès du juge de l'exécution pour faire radier le nantissement frauduleusement inscrit. Il est intéressant de noter, pour appréhender la collusive volonté de dissimulation des délits des huissiers de la part de cet avocat, que Laurent GRANIER a dû faire ses conclusions, et plaider seul, et qu'il a gagné, comme précédemment décrit, grâce aux seules démonstrations et aux seules preuves que ledit défendeur Vincent RAMPAL ne voulait pas évoquer, pour ne pas mettre en défaut, ni la partie adverse, ni l'huissier en question... Laurent GRANIER avait dû se débarrasser de cette espèce d'avocat après qu'il eut découvert son attitude malhonnête à son égard, tout autant que son tour de passe-passe comptable quant aux versements relatifs aux 3 affaires dont il avait la charge, dont une contre le DEPIERRE.

La collaboration de Vincent RAMPAL avec la partie adverse a porté ses fruits avec ce jugement fait en catimini...

Pour en revenir à cette « petite » hypothèque, son objet n'était, et n'est toujours pas à ce jour, la récupération de cette somme, mais bien un outil de pression pour exercer un chantage afin d'extorquer à Laurent GRANIER une somme bien plus importante.

En effet, ce fut tout d'abord, plus de 69.000 €, qui s'est transformé par la suite en une somme de 150.000 €, en échange de la mainlevée de cette inscription !

Le chantage a été élaboré par BOUHABEN exclusivement, qui s'est permis de contacter les acquéreurs du terrain de la SCI, pour colporter diffamations et calomnies à l'encontre de Laurent GRANIER.

Cette escroquerie par chantage a été faite par devant un officier ministériel, mon notaire, et, malgré une plainte déposée contre le duo BOUHABEN-DEPIERRE pour d'avérés faits graves, le Procureur de la République du TGI de Marseille, Jacques DALLEST n'a rien fait ! De l'utilité d'avoir des « amis »...

Ce chantage court toujours à ces jours de septembre 2013, alors que Laurent GRANIER a depuis un an, voulu payer cette somme abusive de 4.500 €, offrant même 4.700 par une offre réelle. Depuis un an, Laurent GRANIER dépense énergie et argent en procédure pour contraindre le DEPIERRE à prendre cet argent et à donner mainlevée de l'hypothèque y étant relative. Face à la manœuvre frauduleuse, Laurent GRANIER a dû faire une signification par huissier, à ses frais, à l'adresse de Plan de CUQUES (13), toujours déclarée par DEPIERRE et

BOUHABEN, et qui se trouve être fausse !

Laurent GRANIER a découvert que les procédures d'offre réelle du système français, tout autant que les inscriptions judiciaires comme les hypothèques et les nantissements, sont une hérésie et une infamie tant au plan moral que de l'équité qui en est absente. Ce seul point rend caduques toutes les inscriptions enregistrées.

En effet, une inscription, telle que celle auprès du bureau des hypothèques, dans tout état où une base d'intellect et de probité aurait servi à l'élaboration des lois et des règles procédurales, serait assujettie à une identique astreinte procédurale pour la radier. Or, il ressort que le système français permet à n'importe quelle crapule ayant le titre d'officier ministériel de faire enregistrer une inscription, même avec de faux documents puisqu'ils ne seront jamais vérifiés par les exécuteurs, et qu'ils seront toujours acceptés même si la démonstration est faite d'erreurs manifestes dans lesdits documents présentés. Une inscription qui s'opère ipso facto, sans besoin de rien d'autre, d'aucune autre autorité, mais qui, pour être radiée, en revanche, doit passer devant un juge si le requérant fait la forte tête, ou simplement devient introuvable, et ce, même si les fonds ont été consignés par devant un officier ministériel ! Un outil fabuleux pour entreprendre un chantage officiel et légalisé.

L'iniquité des procédures d'un même attribut, de celle d'une inscription par rapport à celle de sa radiation, est l'emblème même des systèmes conçus et orchestrés par des abrutis, si ce n'est des salauds, ou tout du moins des médiocres, puisque, ainsi fait, tout concourt à nuire aux honnêtes personnes, et à avantager les homologues des premiers cités.

Ayant entrepris à ses frais, une offre réelle, Laurent GRANIER est dans l'obligation de faire une procédure de contrainte à encaisser cet argent ! La justice de la République Bananière dans toute sa splendeur.

Le juge de l'exécution au TGI d'Aix-en-Provence, en charge de cette procédure de demande de mainlevée de cette inscription et de contrainte d'encaissement (!) au requérant de l'inscription, participe activement à ce maintien de chantage entrepris par « BOUHABEN-DEPIERRE and Co ». Une affaire pourtant simple à juger puisqu'elle ne demande aucune estimation ni évaluation, mais juste la validation comme quoi tout est conforme en ce que la personne sous astreinte de paiement, accepte de payer sans discuter, ce, sans pouvoir user de son élémentaire droit de défense. Et qu'au surplus, il a dû régler de ses deniers, toute une longue procédure pour contraindre l'autre à prendre l'argent qu'il réclamait !

Une année que cela dure ! Le magistrat renvoyant sans cesse, sine die, l'affaire, pour des raisons que lui seul connaît, et qui ne sont pas difficiles à comprendre, puisque le TGI d'Aix-en-Provence est entièrement corrompu.

Si corrompu par la Française-Maconnerie, que des avocats n'ayant pas l'abjection morale d'être dans leur rang, perdent des clients, ces derniers préférant en changer pour un de la vérole, puisque le juge qui statuera sur leur sort en est ! Histoire véridique.

Printemps 2013. La croisée des chemins.

David FUSINATO ne sait plus comment se sortir du merdier dans lequel il a mis ses partenaires, en inscrit Laurent GRANIER dans leurs affaires, et qui pose des questions administratives et juridiques de plus en plus dérangeantes.

FUSINATO savait pourtant que Laurent GRANIER, qu'il connaît depuis près de deux décennies, est un ardent combattant de la corruption. Mais, faible en neurone et surtout en moralité, il s'imagine, qu'à l'instar de ses congénères de la Française-Maconnerie, Laurent GRANIER est vénal. Ce qui constitue une grave erreur !

FUSINATO avait déjà joué les « patrons », « celui qui maîtrise », en donnant l'adresse où Laurent GRANIER séjournait en février-mars 2013, et qui avait permis aux sbires de tenter une première approche d'intimidation.

FUSINATO avait aussi commandité l'action d'intimidation perpétrée par Romain LEDUC.

Mais, rien n'y faisait. Laurent GRANIER persistait dans son attitude de clarification.

FUSINATO s'était déjà fait taper sur les doigts par la hiérarchie de sa loge lorsque Laurent GRANIER a mis en cause officiellement les agissements frauduleux de Pascale BRANCHE.

Il lui fallait trouver d'autres appuis, pour gravir un échelon dans les manières à faire taire les récalcitrants. FUSINATO savait que Laurent GRANIER avait des ennemis, des « salopards » contre qui il était en butte depuis des années, et qui avaient déjà tenté de l'éliminer physiquement, tout en persistant à lui nuire d'une manière officielle. Il chercha donc à entrer en contact avec la bande « BOUHABEN-SITRI-BACCINO-MATHIEU-DEPIERRE ».

Et la boucle est bouclée, et la jonction évoquée dans l'autre affaire, atteinte.

Pour information, BOUHABEN a harcelé pendant des mois Laurent GRANIER, par l'entremise de « son » confrère, Frédéric AMSELLEM, au ton insistant, pourtant son « défenseur », ce, au fallacieux prétexte de procédures en cours, afin qu'il lui dévoile son adresse de villégiature, puisque par celle de Paris, il n'arrivait pas à l'atteindre...

En la personne de FUSINATO, BOUHABEN a trouvé son fournisseur.

Pour dissimuler un délit, les membres de la bande en commettent d'autres. La « tâche » « d'huiles » n'en finit pas de se répandre. Ils harcèlent Laurent GRANIER par la multiplication des attaques officielles. Mais, rien n'y fait. Ils sont dans l'obligation de passer à un stade supérieur, nécessitant la protection des autorités. Avec celle-ci, l'agression et la suite des événements peuvent se dérouler en toute impunité, comme la saisie attribution frauduleuse de la bande MATHIEU->COEFFARD, d'abord chez Me EYROLLES, puis sur le compte en banque personnel, au mois d'août dernier, grâce à une double complicité interne...

Il est à noter que la bande, et spécialement Frédéric BOUHABEN, a tout entrepris depuis l'origine, pour dissuader les avocats de Laurent GRANIER de l'aider, ce, afin que d'une part, il ne puisse pas exposer ce qu'il a découvert contre lui et contre ses comparses, comme notamment les émissions et les usages de faux de la part d'huissiers et de greffiers, et d'autre part, qu'il soit privé de ses droits de recours pour que les condamnations soient définitives. Si, dès l'origine de leur entreprise frauduleuse, ils ont tout fait à son insu, avec la mise à nu de leur système par Laurent GRANIER, ils ont fait différemment. Ils y ont ajouté l'usage du discrédit, et de la « collaboration » interprofessionnelle. L'exemple parfait en ce sens est celui du délit de collusion commis par l'avocate d'alors de Laurent GRANIER, Gaëlle BAPTISTE, qui a, catégoriquement, sans justification, refusé de déposer une requête d'Appel.

Petit précis des délits et fraudes originels commis par le Juge Joël BOYER et les différents huissiers.

Extrait d'une plainte pénale déposée, corrigée à la 3° personne.

« Fin avril 2010, désirant céder les parts sociales de son « SCI Le Marroun » dont le greffe est celui du Tribunal de Commerce d'Aix-en-Provence, Laurent GRANIER s'aperçoit qu'elles ont été nanties depuis le 2 avril 2010. Il apprend par ce bureau de l'inscription que la procédure a été intentée par des huissiers d'Aix en Provence, **Michel MATHIEU, Catherine DE BENEDICTIS et Géraldine COEFFARD,** pour le compte de **Claude DEPIERRE,** grâce à un jugement civil (bien pratique pour sa procédure à l'emporte pièce et sans aucune rigueur ni cadre juridique !) du 3 septembre 2009 au TGI de Paris **(Ordonnance de Référé rendue le 17 septembre 2009, N° RG: 09/57312, N°: 01/KG, Assignation du 10 août 2009, DEPIERRE / GRANIER),** selon lequel <u>UN</u> « **Laurent GRANIER** », <u>sans aucune autre précision d'identité (ni date ni lieu de naissance)</u> si ce n'est une adresse aux USA, aurait été condamné à lui payer 2 fois 5.000 € **(voir document N° 1).**

Laurent GRANIER découvre donc que toute la procédure en amont a été perpétrée par de fausses certifications émises par les huissiers sis à Paris, **Alain GAULTIER et J. MAZURE,** attestations de remise d'assignation et d'ordonnance à une adresse aux USA **(voir document N° 6, 7, 8, 9, 10, 11 et 12) et N°5).**

*Tout comme la notification de nantissement effectuée par les huissiers d'Aix-en-Provence, **MATHIEU, DE BENEDICTIS et COEFFARD,** agissements d'autant plus crapuleux que ces derniers ont falsifié le nom du condamné pour l'attribuer à Laurent GRANIER puisqu'ils n'ont pas fait la procédure au nom de « Laurent GRANIER », comme stipulé dans l'ordonnance de jugement, mais au nom qu'ils ont relevé sur la SCI, « Laurent André GRANIER » (**voir document N° 9 et 10**).*

Cela constitue une fraude, outrepassant leurs fonctions, caractérisant un abus de droit, un abus de pouvoir en qualité d'officier ministériel et au titre d'une fonction officielle.

*A cela s'ajoute le fait irréfutable que Laurent GRANIER n'a pu en avoir connaissance et encore moins signer la réception d'aucun des documents (septembre 2009, octobre 2009 et avril 2010) puisqu'il n'a plus séjourné aux USA depuis fin octobre 2008, comme l'atteste son passeport ! (**voir document N° 2**).*

Mais, le summum de toute cette fraude est que, depuis le début, depuis la procédure au TGI de Paris, tout a été entrepris sur la base que ces documents ont été considérés comme remis, et ce, malgré l'absence de preuve.

Cette considération n'a été validée négligemment uniquement parce qu'elles ont été présentées par un huissier, un officier ministériel.

La procédure étant adressée à une personne domiciliée à l'étranger, tous les documents remis à une adresse dans un pays étranger, doivent être dans la langue d'origine de la procédure (dans ce cas présent le français pour une procédure en Franco), Mais aussi accompagnés de leur traduction intégrale par un traducteur officiel et agréé (y compris les textes de l'assignation, de l'ordonnance et du nantissement) dans la langue du pays où elles sont remises.

Cela ne fut pas le cas, ce qui constitue un vice de procédure initial.

De plus, le « trajet retour » des documents doit aussi faire accompagner leur traduction, c'est-à-dire que les documents et attestations délivrées par les services basés à l'étranger doivent aussi être traduits intégralement par un traducteur officiel et agréé dans la langue d'où a lieu la procédure et où ils sont utilisés, en l'espèce, en français.

Cela n'est pas le cas, ce qui constitue un autre vice de procédure, d'autant plus important que le juge aurait dû, avant toute autre chose, vérifier la teneur et le bon respect de la procédure en lisant les attestations des huissiers.

Si ce magistrat de petit niveau d'érudition, hormis sa pitoyable ignorance en Droit dans le respect fondamental des procédures, avait quelques notions d'anglais, il aurait découvert la supercherie.

En effet, les attestations expriment bien l'échec de la remise de tels documents à son destinataire, alors qu'elles ont été présentées comme un succès au tribunal et acceptées comme tel par ce dernier !

D'où l'importance, la nécessité et l'obligation des traductions intégrales !

*L'assignation a été émise par les huissiers, **Alain GAULTIER et J. MAZURE, certes** le **10 août 2009** aux services compétents aux USA (**voir document N° 6**), mais pour laquelle un certificat n'a été émis que le **21 septembre 2009** (!) (**voir document N° 7**), pour une audience qui s'est tenue le **3 septembre 2009**. Il convient de comprendre que l'audience s'est tenue malgré l'absence de justificatif comme quoi l'assignation avait bien été délivrée !*

*Les attestations (**voir document N° 7**) ont été détournées de leur horodatage et de leur sens par les huissiers **Alain GAULTIER et J. MAZURE**. En effet, il est relaté que l'assignation a été délivrée le **3 septembre 2009 à 12:40 PM**, soit le jour même de l'audience !*

Ainsi, le respect du délai préalable d'information à un défendeur quant à une assignation est purement méprisé !

*En sus, cerise sur le gâteau empoisonné, un autre vice de procédure, délictueux par son caractère intentionnel de la part des auteurs, en l'astreinte de délai de validité de la procédure de signification qui a été purement et sciemment occultée par les huissiers en question, mais surtout par la personne qui l'a accepté tacitement, Joël BOYER. **En effet, sous le nom de M. BOUVIER, premier vice-président, la signification devait intervenir au plus tard le 13 août 2009, à 19 h !***

*S'il était adressé à Laurent GRANIER personnellement comme LE « Laurent GRANIER » poursuivi, il n'a pu lui être délivré (voir passeport cité plus haut **document N° 2**).*

*Et pour preuve supplémentaire, il est bien expliqué dans le document NON TRADUIT des services compétents américains que la personne à qui a été remis le document, **le jour même de l'audience**, est « **Joe Doe** ».(**voir document N° 7**).*

*Et nous arrivons ainsi à la mascarade qui révèle la caractéristique principalement « ignare » en matière de langue anglaise de toutes les personnes du système judiciaire qui ont pris part à cette procédure : « **Joe, ou John, Doe » est un nom donné aux USA à un quidam, non identifié** !*

Pour exemple, dans les morgues, lorsqu'un cadavre n'est pas identifié, il lui est attribué ce nom, provisoirement, ou non...

*Mais, il en va de pire avec le greffier de la Cour d'Appel de Paris qui « effectué » la procédure avec la plus forte bénéfique « étrange » « négligence » au regard du respect de la procédure puisqu'il a édité l'attestation de « non appel » (**voir document N° 12**) qui doit être essentiellement fondée sur le délai partant de la date de signification du jugement, alors qu'il n'y a eu, de la part des huissiers **Alain GAULTIER et J. MAZURE,** que la demande aux services compétents, sans délivrance d'aucune attestation de la part de ces derniers certifiant du succès de la remise !*

*De plus, la date de demande de remise de l'ordonnance est du 1° octobre 2009 (**Document N° 8**), et que l'attestation du greffier date du 8 décembre 2009 alors qu'il est obligatoirement imparti un délai de 2 mois (adresse à l'étranger) et 15 jours.*

L'attestation remise par le greffier est purement et simplement caduque parce qu'elle a été émise antérieurement à la supputée (mais fausse) date buttoir (15 décembre 2009), mais cette manœuvre relève du délit de faux de la part du greffier, une complicité motivée par une corruption.

*Toute cette mascarade aurait pu être indifférente au Laurent GRANIER de la présente puisque toute la procédure était orientée vers **UN** « Laurent GRANIER » sans autre précision.*

Or, le but de DEPIERRE et de BOUHABEN était de l'escroquer, entre autres crapuleries pour le faire taire sur ce que Laurent GRANIER sait de lui (délit de subornation de témoins, etc.).

*Ainsi, il a trouvé en les huissiers **MATHIEU, DE BENEDICTIS et COEFFARD**, la même appartenance, que les autres protagonistes, au goût et à l'esprit pour la malhonnêteté, pour la fraude, telle une fraternité de malfaiteurs.*

Les huissiers d'Aix-en-Provence ont abusé de leurs droits pour falsifier des documents officiels, pour faire nantir les parts de Laurent GRANIER, usant toujours de faux documents, de fausses déclarations et de fausses attestations.

Cela constitue une fraude, outrepassant leurs fonctions, caractérisant un abus de droit, un abus de pouvoir en qualité d'officier ministériel et de fonction officielle, actes criminels pour lesquels Laurent GRANIER a déposé une plainte pénale au parquet d'Aix-en-Provence contre ces huissiers malhonnêtes et contre DEPIERRE pour fausse déclaration, de faux et d'usage de faux concernant des documents judiciaires, de fraude, d'escroquerie, d'escroquerie en bande organisée, d'abus de droit, de menace, de chantage, de subornation de témoin, de corruption d'officier ministériel, etc.

Puisque nous y sommes, enfonçons le clou de la farce qu'est cette procédure judiciaire d'un système qui l'en a inspirée.

La procédure initiale cautionnée par Joël BOYER, juge du TGI de PARIS !

*Claude DEPIERRE fidèle à ses habitudes crapuleuses, a assigné **UN** « Laurent GRANIER » sans aucune autre précision d'identité, et sur le seul fondement qu'il a fait relever ce simple nom sur le registre des enregistrements des noms de domaines internet concernant le site qu'il trouve litigieux (www.arno-mag.com). (**voir document N° 13**)*

Il est à rappeler que le sujet de sa procédure n'est pas le texte mais sa publication sur internet. Donc, le véritable concerné serait le propriétaire du site.

Or, ce site est enregistré sur un homonyme restreint (Nom et un prénom), sans précision d'identité supplémentaire de date ou de lieu de naissance !

Ce point est insuffisamment caractérisé pour faire condamner une personne non précisée, ou du moins de faire le lien entre

CE « *Laurent GRANIER* » *et Laurent GRANIER.*

Par ailleurs, **il est à rappeler** *qu'un texte publié plus de* **3 mois sur internet** *ne peut être attaqué pour diffamation, or ce texte date de* **janvier 2009** *(cachet du TGI de Marseille) pour un constat du* **29 juin 2009,** *que le serveur du site concerné est basé aux USA et qu'il ne peut en aucun cas relever du petit étroit droit français, malgré le cas de jurisprudence évoqué par le petit avocat de Paris dans son assignation, car il est à rappeler que le « phénomène » de « jurisprudence » n'a été créé que pour protéger la magistrature de ses invraisemblances et de ses décisions typiquement humaines (dans le sens partial, caractériel et d'« humeur », à l'opposé des notions d'équité, de justice et de compartimentage vis à vis de la vie personnelle) dans les cas de deux verdicts antagonistes pour deux affaires similaires qui seraient mises à l'index !*

Il est aussi à rappeler que la France n'a pas le monopole du langage français !

*Et pour enfoncer ce clou, il est à rappeler que ledit constat d'huissier ALBOU et YANA (**document N° 13**) n'est qu'un constat et qu'il n'est, en aucun cas, une expertise !*

Si cela avait été ce dernier cas, la personne aurait certifié le titulaire d'une façon irréfutable (cas impossible en l'espèce), ou elle aurait mentionné que les éléments qu'elle relève ne peuvent faire foi !

En effet, n'importe qui peut mettre un site au nom de n'importe qui !

Et, Laurent GRANIER a prouvé cela.

Laurent GRANIER a créé le site internet « **www.dep-bat.com** *», dont la page est affichée sur internet et en français,* **document n° 22***, est signée par un certain Claude DEPIERRE. Et en vérifiant le titulaire de ce site sur le registrar « WHOIS » de la manière telle que l'ont faite les huissiers ALBOU et YANA , c'est bien « Claude DEPIERRE » qui est déclaré,* **document N° 23***!*

Ce site est une démonstration pour attester que n'importe qui peut faire enregistrer et le mettre au nom de n'importe qui.

La preuve est ainsi faite comme quoi l'authenticité réelle du propriétaire d'un nom de domaine donné par le « official registrar ICANN » est insuffisant en matière de recevabilité pour déterminer la responsabilité d'une personne quant à l'attribution d'un site internet.

Ainsi, le nom d'enregistrement d'un nom de domaine relevé sur « WHOIS » est absolument irrecevable comme détermination réelle de son titulaire, et à plus forte raison, pour attribuer une culpabilité, ou simplement une responsabilité, et ce pour la simple raison que n'importe qui peut enregistrer et créer un site au nom de n'importe qui !

Il est à rappeler le droit fondamental de tout jugement selon lequel l'accusé doit être formellement identifié sans équivoque. Déjà, l'absence de date et de lieu de naissance est rédhibitoire quant sa recevabilité devant le tribunal d'un système honnête.

Donc, seule l'attribution de ce site à UN « Laurent GRANIER », et à plus forte raison à l'endroit du Laurent GRANIER que la bande BOUHABEN-DEPIERRE veut escroquer, est plus qu'insuffisant, pire, il constitue un abus de droit, un abus de pouvoir, une délivrance abusive de documents officiels, une escroquerie, une fausse déclaration, des faux et usage de faux, une fraude, etc.

Quant au constat dudit huissier, il est intéressant de lire sa page 3 où il est mentionné « Laurent GARNIER » et non « Laurent GRANIER ». Aucune erreur ne peut être ignorée car elle constitue, d'une part, la base de la plainte, mais d'autre part, il est un document certifié officiel qui ne peut en aucun cas souffrir d'aucune erreur et qu'il doit respecter une rigueur absolue, notamment en matière de nom !

Tout manquement est un vice de procédure basique.

Ainsi, toute la procédure initiale est irrecevable par un magistrat digne de ce nom, c'est-à-dire, par un juge intègre.

Il est aussi à noter l'absence de la copie de la page d'accueil dudit site incriminé dans ce constat d'huissier. La représentation intégrale du site est obligatoire pour qu'un constat soit juridiquement valide quant à son honorabilité. »

Tout exprime, et son ordonnance en atteste, l'intention du juge Joël BOYER à nuire à Laurent GRANIER parce que, ce qu'il a pris soin de ne pas exprimer, sa plainte originelle, et

donc le texte publié, fait état de présence de corruption, entreprise et entretenue par une organisation mafieuse au sein des institutions, mais surtout par la citation de son identité : La Franc-Maçonnerie (qui est un nom impropre à sa référence originelle).

Joël BOYER a donc fourni des armes à sa confrérie pour faire taire, tout en le spoliant, Laurent GRANIER.

Il est à noter que tout n'est pas noir, et qu''il se trouve dans le système judiciaire français des juges compétents et honnêtes, comme Paulette LE CLANCHE déjà citée, ou Mme SOMNIER, au TGI de Marseille, qui a été confrontée à une procédure identique à celle dont Joël BOYER a eu la charge, toujours présentée par la bande « BOUHABEN-DEPIERRE and Co ». Ils avaient tenté d'obtenir un second jugement en (supposée) diffamation, sur les mêmes bases fournies au Joël BOYER, cependant, il s'y « cassèrent les dents » car, même en l'absence du défendeur, et pour cause, la procédure avait été, comme à l'accoutumée, faite à l'insu de Laurent GRANIER, la magistrate ne donna aucunement raison à la bande d'escrocs au point qu'elle rejeta la demande en dommages et intérêts de DEPIERRE au motif qu'il ne justifiait d'aucun préjudice. Ce fut rendu par l'ordonnance du 25 février 2011, après qu'il y en ait eu une au préalable, qui fut vaine pour non respect des règles procédurales d'assignation, pourtant toujours en l'absence du défendeur.

Aussi, soussigné Laurent GRANIER, dont la liste des délits est non exhaustive,

- **J'accuse Alain GAULTIER et J. MAZURE, huissiers** *à Paris, de corruption pour avoir établi et fourni auprès d'une instance judiciaire, ce, sous serment, de faux documents, des actes déclaratifs falsifiés et/ou détournés de leur sens, dans le but de tromper un magistrat mais aussi d'ôter tout moyen de défense au défendeur,...*
- **J'accuse Joël BOYER, juge** *au TGI Paris, de corruption pour avoir établi et fourni un jugement de complaisance*

basé sur de fausses déclarations, de faux documents et de fausses attestations, et pour avoir retenu l'audience avec un total mépris pour les règles procédurales et les droits du défendeur, jugement comportant de fausses informations de surcroît,...

- **J'accuse Sylvaine LE STRAT,** *greffier au TGI de Paris, de corruption pour avoir établi et fourni un certificat de complaisance, comportant de fausses informations, basé sur de fausses déclarations et de faux documents,...*

- **J'accuse Anne de FONTETTE, Vice-Procureur de la République** *au TGI de Paris, de corruption pour avoir couvert activement les agissements frauduleux et délictueux de Joël BOYER et de Sylvaine LE STRAT,...*

- **J'accuse le Greffier en Chef au greffe de la Cour d'Appel de Paris, non identifié à ce jour,** *de corruption pour avoir établi et fourni un certificat de complaisance de non appel, basé sur de fausses déclarations et de faux documents, certificat comportant de fausses informations de surcroît,...*

- **J'accuse J. PHILOCLES, Adjointe administrative au greffe** *de la Cour d'Appel de Paris, de corruption pour avoir couvert activement les agissements frauduleux et délictueux du greffier en chef,...*

- **J'accuse Bruno MOTEMPS, Greffier en Chef** *au Tribunal de Commerce d'Aix-en-Provence, d'avoir inscrit un nantissement de parts sociales basé sur de faux documents et de fausses déclarations, et de ne pas y avoir remédié dès lors qu'il a été informé du caractère frauduleux et irrégulier de la procédure, fournissant un outil de chantage à la bande,...*

- **J'accuse Gérard LEZAC, conservateur des hypothèques** *à Aix-en-Provence, d'avoir inscrit une hypothèque basée sur de faux documents et de fausses déclarations, et de ne pas y avoir remédié dès lors qu'il a été informé du caractère frauduleux et irrégulier de la procédure, fournissant un outil de chantage à la bande,...*

- *J'accuse Michel MATHIEU, Catherine DE BENEDICTIS et Géraldine COEFFARD, huissiers à Aix en Provence, de corruption pour avoir émis, fourni, utilisé et usé de faux documents, de fausses déclarations et de fallacieuses attestations, d'avoir activement participé à une frauduleuse entreprise d'escroquerie en collaboration avec une organisation criminelle et mafieuse, telles que des actions dans l'intention de nuire en vue de chantage, d'extorsion, d'intimidations, de subornation de témoins par harcèlement, d'asservissement, etc.*

- *J'accuse Anne SOBOLEWSKI, huissiers à Gardanne, de corruption pour avoir émis, fourni, utilisé et usé de faux documents, de fausses déclarations et de fallacieuses attestations, et de ne pas y avoir remédié dès lors qu'elle a été informée du caractère frauduleux et irrégulier de la procédure, d'avoir activement participé à une frauduleuse entreprise d'escroquerie en collaboration avec une organisation criminelle et mafieuse,....*

- *J'accuse Pierre BRUGUIERE, huissier à Marseille, de corruption pour avoir émis, fourni, utilisé et usé de faux documents, de fausses déclarations et de fallacieuses attestations, mais aussi pour fausse facture, pour facturation abusive, pour non réalisation de travail facturé, pour insuffisance intentionnelle de mises à disposition de moyens, de « collaborations pro-personnelles » avec René BACCINO,...*

- *J'accuse René BACCINO, président de la Chambre Départementale des BdR (13) des huissiers de justice en 2010, de corruption et de trafics d'influences pour avoir agi en profitant de sa position dominante et de son statut pour intervenir auprès des parquets de Marseille mais surtout d'Aix-en-Provence pour couvrir d'impunité les agissements frauduleux et délictueux de Michel MATHIEU, Catherine DE BENEDICTIS et Géraldine COEFFARD, mais aussi de Anne SOBOLEWSKI, prodiguant une impunité par une entrave à la manifestation de la vérité, subornation de témoins, participation dissimulée de chantage, de menaces, ce qui a contribué activement à ces huissiers de perdurer dans leurs fonctions et de commettre de nouveaux délits, d'avoir activement participé à une frauduleuse entreprise d'escroquerie en collaboration avec une organisation criminelle et mafieuse, pour avoir émis, fourni, utilisé et usé de faux documents, de fausses déclarations et de fallacieuses attestations relatives à la liquidation de l'astreinte prononcée par Régine ROUX du TGI d'Aix-en-Provence avec lequel il entretient d'étroites relations personnelles,...*

- **J'accuse Dominique MOYAL, Procureur de la République** *au TGI d'Aix-en-Provence, de corruption pour avoir couvert activement les agissements frauduleux et délictueux de MATHIEU, DE BENEDICTIS et COEFFARD,* **mais aussi et surtout d'avoir agi activement en ayant fomenté une entreprise criminelle d'élimination physique en vue de subornation de témoin, de chantage dissimulé, d'intimidations, d'entraves à la manifestation de la vérité,**

- **J'accuse Pascal GUINOT, Procureur de la République Adjoint** *au TGI d'Aix-en-Pce, de corruption pour avoir couvert activement les agissements frauduleux et délictueux de MATHIEU, DE BENEDICTIS et COEFFARD,...*

- **J'accuse Danièle NATTA, Doyen des Juges d'instruction** *au TGI d'Aix-en-Provence, de corruption pour avoir activement couvert les agissements frauduleux et délictueux de MATHIEU, DE BENEDICTIS et COEFFARD,...*

- **J'accuse le Greffier en Chef** *au TGI d'Aix-en-Pce, de corruption pour avoir établi et fourni un certificat de complaisance, comportant de fausses informations, basé sur de fausses déclarations et de faux documents,...*

- *J'accuse **Régine ROUX**, juge au TGI d'Aix-en-Provence, de corruption pour avoir établi et fourni un jugement de complaisance basé sur de fausses déclarations, de faux documents et de fausses attestations, et pour avoir retenu l'audience avec un total mépris pour les règles procédurales et les droits du défendeur, jugement comportant de fausses informations de surcroît,...*

- *J'accuse **Jean-Luc GIORDANO et Ludovic GONGORA, et Béatrice ANDRE, Aymeric ANDRE et Caroline FABRE, huissiers,** de corruption, de complicité d'extorsion et de détournements de fonds, pour avoir émis, fourni, utilisé et usé de faux documents, de fausses déclarations et de fallacieuses attestations, pour avoir participé à une frauduleuse entreprise d'escroquerie en collaboration avec une organisation criminelle et mafieuse, telles que des actions dans l'intention de nuire en vue de chantage, d'extorsion, d'intimidations, de subornation de témoins par harcèlement, d'asservissement, etc.*

- *J'accuse **Michel-Frédéric COUTANT, huissiers,** de corruption pour avoir émis, fourni, utilisé et usé de faux documents, de fausses déclarations et de fallacieuses attestations, pour avoir participé à une frauduleuse entreprise d'escroquerie en collaboration avec une organisation criminelle et mafieuse,...*

- *J'accuse **Anne LEZER en sa qualité de vice-procureur au TGI de Marseille,** de corruption, pour avoir dénigré, dénaturé, déclassé, dévalué mes plaintes pénales en « réclamations », pour avoir activement couvert tous les acteurs des délits dénoncés, pour avoir permis par une impunité certifiée, un sauf-conduit pour la persistance des délits et des crimes, pour avoir participé à une frauduleuse entreprise d'escroquerie en collaboration avec une organisation criminelle et mafieuse, pour avoir permis à une entreprise criminelle de perpétrer des actes, pour complicité passive d'actes criminels en bande organisée, collusion avec une* *organisation criminelle, complicité d'usurpation d'identité, d'intimidations, de menaces de mort, d'exactions physiques, de vols, de recels, de demande de rançons, de chantage, d'entraves à la manifestation de la vérité, participation à l'émission, la diffusion et la propagation de propos diffamatoires et calomnieux dans une intention de nuire, dissimulation de délits, de complicité de négationnisme, de faux témoignages, de détournement de fonds,...*

- **J'accuse Jacques DALLEST en sa qualité de Procureur au TGI de Marseille,** *de corruption pour systématiquement ignorer mes plaintes pénales malgré les preuves accablantes et irréfutables qui les accompagnent, et d'en déléguer la responsabilité à sa subalterne, Anne LEZER, et dans les cas où il y répond, toujours par une fin de non recevoir, et toujours sans motivation ni juridique ni argument spécifique contextuel,..*

- **J'accuse Christiane TAUBIRA, en sa qualité de Garde des Sceaux en 2013,** *de corruption par la complicité passive de tous les chefs d'accusations de ses représentants, officiers ministériels, tous les huissiers cités, mais aussi de ceux concernant les représentants de la République, sous la fonction de Procureurs,...*

- **J'accuse Laurent VALLEE en sa qualité de directeur général de la DACS,** *des mêmes chefs d'accusations que ceux portés à sa responsable hiérarchique, Mme La Garde des Sceaux*

Et, au titre commun de ces deux affaires, mais aussi de toutes les autres que j'ai, et qui ont subi la même considération de dédain, et de mépris envers moi,

- **J'accuse les acteurs principaux et responsables, passés et actuels, de la Magistrature du système judiciaire français, du Conseil Supérieur de la Magistrature et de la Cour de Cassation, de corruption cumulative, associative et participative, en entretenant par omission, par occultisme,** *par négativisme, par négationnisme, l'omniprésence de la corruption généralisée du système judiciaire français, et en en favorisant son expansion par la garantie d'une impunité absolue.*

Environnement spécifique de corruption généralisée.

La présente mise en demeure n'a pas pour but de mettre en comptabilité les délits commis par les « civils » de la bande « CALLEN-FUSINATO », ou ceux de la bande « BOUHABEN-DEPIERRE », mais tout d'abord, ceux perpétrés par vos officiers ministériels, d'une part, les notaires Pascale BRANCHE et Jean-Fabrice ANSELMO, et d'autre part, les huissiers, René BACCINO, Pierre BRUGUIERE, Michel MATHIEU, Catherine DE BENEDICTIS, Géraldine COEFFARD, Anne SOBOLEWSKI, Pierre FOURY, Alain GAULTIER, Joël MAZURE, Michel-Frédéric COUTANT, Jean-Luc GIORDANO, Ludovic GONGORA, Béatrice ANDRE, Aymeric ANDRE, Caroline FABRE, et ensuite, aussi et surtout, ceux plus graves commis par les acteurs du système judiciaire local, parmi lesquels certains sont vos représentants, les procureurs de la République, et d'autres, sous votre autorité directe, la Gendarmerie.

La présente mise en demeure a sa raison d'être par le constat établi sans équivoque, de la corruption généralisée du système judiciaire français qui est utilisée, d'une part, par les aigrefins et les salopards, mais aussi, d'autre part, par le système lui-même pour se protéger de toute révélation scandaleuse qui le mettrait en défaut, même si cela concerne la vérité et la réalité, ce, en usant d'acharnement et de harcèlement de son pouvoir à des fins « personnelles ».

Laurent GRANIER en a fait les frais, pendant des années, depuis l'affaire SALADINI-FIORA qui a débuté en 2004, afin qu'il ne réplique pas, et surtout qu'il n'ait pas le droit à la parole pour qu'il ne puisse révéler ce qu'il a découvert.

Tout a été entrepris pour, soit effacer, soit discréditer, soit dénaturer ses propos et ses accusations, ce qui rend inapplicable la possibilité de l'accès, déjà à des jugements, mais aussi à leur garantie d'être équitable au sujet de ces deux affaires, comme des nombreuses autres qu'il a portées devant cette institution, et qui ont reçu le même accueil de dénigrement, et le même sort d'enlisement.

De nombreux autres délits, et d'autres affaires, et d'autres protagonistes, protégés par certains cités en la présente. Laurent GRANIER combat un réseau, non pas de « hors-la-loi », mais bien de « en-la-loi », car il ne s'agit en aucune manière de quelques délits sporadiques diffus, épars, mais bien ceux d'une organisation qui a infiltré le système judiciaire pour le gangrener. Il ne s'agit plus, comme par le passé, de connivences de certains acteurs du système avec ceux de la politique ou du banditisme et de la pègre, contre rémunération, mais bien de l'appartenance réelle, concrète et active de ces acteurs du système à une organisation mafieuse. Nous ne sommes plus dans de la corruption de jadis, au coup par coup, mais bien dans un engrenage systématique, bien « huilés ».

Ainsi, considérant, sans se leurrer, que ces méthodes sont devenues communes et généralisées comme en confirment les nombreuses et variées affaires qui sont médiatisées et qui font montre d'aberrations et de grâces, ne serait-ce temporelles, de la part des acteurs principaux du système judiciaire français aux salopards, il ne peut même plus être question de hasard quant à la nomination du juge qui statuera sur une affaire, mais bien, d'un choix délibéré dès lors que certains en peuvent ou en doivent retirer quelque chose. Il en va de soi, que cela soit pour engluer ou pour accélérer une procédure.

Ainsi, le système judiciaire français, par sa corruption généralisée, est inapte de par son implication majeure par les bénéfices qu'il peut en retirer de ne pas mettre au jours ses, au moins, défaillances, et par ses nécessités à ne pas condamner ses pairs ayant un dogme et un but communs.

Le système judiciaire français est d'autant plus vérolé qu'il n'exerce même pas de sélection au préalable lors de la délivrance des diplômes et des fonctions, et encore moins, qu'il ne pratique d'épuration par l'élimination de ses acteurs nocifs, sauf contre les honnêtes et les probes qui combattent les traîtres à leur serment à la République.

En effet, ces derniers sont nuisibles à l'intégrité du système puisqu'ils entreprennent une coercition accrue et virulente, organisée et en bande, envers les magistrats qui sont non obéissants aux dogmes malfaisants de ces ordres secrets, comme cela a déjà été démontré par le passé, par des affaires où ces « Justes » ont eu maille à partir, ont été isolé, et ont même subi des sanctions internes pour avoir soulevé, ou seulement voulu soulever le voile sur des délits commis par des magistrats véreux.

La mise en cause de tout le système judiciaire français par ses corrompus acteurs influents restera tangible tant que les identités de ceux-ci demeureront celées, quant à leur appartenance à un réseau, ou complexe de réseaux entrecroisés puisque les échanges de services leurs sont essentiels, qu'il soit politique sous forme pseudo syndicaliste, ou sectaire comme la française-maconnerie, ordres et organisations auxquels se rattachent nécessairement tous les sales acteurs précités. Ces « qualités » en tant qu'inconnues, confidentielles ou difficiles à appréhender, notamment en amont d'un jugement, leur profitent, et participent à une corruption généralisée du système judiciaire français.

Tout a concouru, tout concourt, et tout persiste à concourir à causer des préjudices aggravés et aggravant à Laurent GRANIER.

A cela s'ajoute, les risques sur sa vie qui l'obligent à quitter le territoire français, n'ayant aucune garantie de sa protection par les autorités, mais, bien au contraire, étant davantage en danger par l'impunité, déjà délivrée aux auteurs des précédentes exactions, qui favorise un dynamisme serein d'opérer de la sorte.

Au titre de l'environnement global de corruption généralisée du système judiciaire français, impropre à rendre une décision de justice juste et équitable,

Au titre de tous ces faits, et en l'absence d'autres recours si ce n'est celui auprès de juridictions internationales, à l'encontre de l'État Français, et à l'encontre de ses représentants,

je, Laurent GRANIER, à titre de proposition d'arrangement à l'amiable, requiers :

- *250 millions d'euros de dommages et intérêts au regard des préjudices causés d'ordre moral et physique,*
  pour le non accès à un système judiciaire non corrompu et apte à délivrer une décision de justice équitable,
  pour le fait que l'État n'est pas à même d'offrir et de garantir un système judiciaire intègre à un de ses citoyens,
  pour l'absence de contrôle et d'épuration de son système judiciaire,
  pour l'auto-protection du système judiciaire en défaveur d'un citoyen,
  Des préjudices accrus par l'effet du gargarisme permanent que les représentants de l'État Français font par l'usage de la désignation de la France en tant que « Patrie des Droits de l'Homme », droits qui sont en réalité bafoués, actes délictueux qui constituent une hypocrisie morale portée à son paroxysme, un préjudice moral des plus accentués par une tromperie délibérée.
- *500 millions d'euros pour la mise en danger entreprise sur ma personne, et mon obligation de quitter le territoire français pour des raisons de sécurité, notamment physiques, quant aux risques futurs sur ma vie.*
- *100 millions d'euros pour les exactions commises qui sont restées impunies, par une protection portant le risque de récidive à son plus haut point, non seulement par la liberté d'action des protagonistes, mais aussi par leur sentiment de*

garantie d'impunité, repoussant leurs limites et leurs réflexions à ne pas agir au vu des représailles de la part du système judiciaire.

En sus, je demande 15 millions d'euros à la Gendarmerie Nationale, pour ne pas avoir recherché activement mes ordinateurs contenant de nombreuses données confidentielles et sensibles. Cette indemnisation d'estimation basse relative à l'inaction volontaire de la gendarmerie du Var, en ces préjudices matériels, ne comprend nullement celle concernant ses délits, entre autres, de non assistance à personne en danger, d'entraves à la manifestation de la vérité et de participation à une campagne de discrédit par la diffamation et la calomnie.

Monsieur Le Président, vous avez sept jours à réception de la présente pour formuler votre sentiment quant à la présente offre d'arrangement à l'amiable.

A défaut, je déposerais une plainte pénale auprès de plusieurs autorités internationales, et j'y ajouterais alors des dossiers d'autres affaires, que j'ai constitués depuis des années et qui étayent encore davantage, si besoin était, l'existence de tout ce vaste réseau de corruption, avec la citation de bien d'autres protagonistes. Ils seront mis en comptabilité en sus de ceux qui ne sont pas énoncés dans l'évocation des deux affaires présentes, afin d'étoffer une demande supérieure de dommages, par des requêtes accrues pour la persistance des préjudices causés par harcèlement et dénégations, entre autres.

La mise à l'épreuve, et sa mise au jour, de votre niveau d'intégrité et de votre niveau à appréhender ce qui est juste, se fera par votre décision de paiement, mais aussi et surtout depuis la source à laquelle vous allez puiser ces fonds. Si vous piochez dans les caisses de l'État, et donc par là-même, vous faites payer les citoyens contribuables, innocents, ou si vous demandez à chacune des Chambres et des Ordres, des notaires et des huissiers, ainsi qu'à leur assurance comme la MMA, de payer ce qu'ils ont commis comme délits, en tant que coupables.

Je vous laisse aussi le soin de « relever les compteurs » auprès des syndicats de magistrature, de chacun de ses affiliés coupables, des sectes organisées qui ont participé à toute cette entreprise crapuleuse et frauduleuse.

Quant aux poursuites pénales, sanctions et suspensions de fonction de ces personnes ayant autorités de l'État, tout autant que de la vérification et la révision de leurs actes professionnels passés, votre seule conscience les guidera.

Tous les documents cités et/ou référencés sont à votre disposition, certains d'entre eux sont joints à la présente.

Cependant, pour vous démontrer encore plus, avec certitude, les œuvres malfaisantes de ces protagonistes officiels, je vous recommande de demander ces documents au préalable, aux personnes concernées, afin de les comparer aux miens...

Mises en Garde : Au cas où un de ces « encollés », « bottards », ou acolytes de l'ombre, chercherait encore à me nuire, personnellement ou à mon entourage, je n'hésiterais pas à sortir d'autres dossiers sensibles décrivant d'autres affaires de corruption de haut vol, comme celle de JJF-MMA, ou celle de AUBERT-DUCOS où une juge d'Aubagne accepte des faux témoignages, ou des affaires de malversations et de blanchiments comme celles de BAC-BRU, ou de BOU-XXX, et même d'un dossier équivalent à celui des « frégates »...

Veuillez recevoir, Monsieur Le Président de la République Française, mes sincères salutations.

Laurent GRANIER
Auteur, inventeur, Théoricien, Maître Philosophe, Designer
Fondateur de la fondation « ANOTOW Ltd » (Antother Tomorrow), dont l'objet principal est la lutte contre la corruption organisée.Pour des raisons évidentes de sécurité sera fait dans un autre pays que la France.

Vous remarquerez que je pointais déjà du doigt une grave et paradoxale généralisée problématique en le système judiciaire français, que j'ai précisée à nouveau au printemps 2019, aux plus hautes autorités de l'État, quand je les ai notifiées des sévices que j'avais subis tel qu'un internement abusif, et qui me coûtaient un exil contraint pour sauvegarder mon intégrité, du moins physique. Il s'agit de la pauvreté intellectuelle et/ou de la déficience d'érudition de ses acteurs, magistrats principalement, tant en la sémantique qu'en la culture générale.

- *« Cette affaire parallèle révèle aussi un grave problème au sein du système juridique et judiciaire français: L'analphabétisme partiel et la déficience de culture générale de ses acteurs, Procureurs, Magistrats, Gendarmes, Préfets, Maires, Médecins experts. Sans compter leur exiguë capacité intellectuelle de raisonnement.*

En effet, cette affaire annexe induite par ces révélations, et bien d'autres, permet de déceler un vice global du système judiciaire français, et des lois que ses représentants et acteurs sont censés suivre, respecter et appliquer, et ce, dans un environnement de raison neutre. En effet, il ressort que la juxtaposition de chacun de ces textes de lois, au prétendu délit, n'exprime qu'un seul consternant fait, celui de la déficience de ces personnes concernées, à savoir gendarmes, préfets, maires, médecins experts, procureurs et magistrats, utilisatrices de cet outil de communication, en la connaissance de langue française, et principalement en sa sémantique, et même en la définition de ses mots.

Lorsqu'il s'agit de définir, de caractériser, d'identifier un acte, cela est de leur capacité intellectuelle, car ils utilisent leur propres vocabulaires.

En revanche, lorsqu'il s'agit de lire, d'analyser, d'étudier et de comprendre, des textes et/ou des propos, et pour finir, les déterminer, les caractériser et les juger, en les corrélant à des textes législatifs, pour les appliquer à des lois, pour, in fine, les cerner et les considérer comme un délit approprié à l'article prétendument idoine, alors il y a un phénomène fondamental d'incompétence absolue de l'ordre du béotien.

Et ce, sans compter l'autre point névralgique de défaillance constitutionnelle, systématiquement « oublié » par ces éminences, celui de la « contrebalance », c'est-à-dire, celui qui les oblige à ne pas ignorer et à considérer aussi les articles de loi qui « protègent » le nouvellement défini « criminel », par ces et ses autres droits.

Il y a bien des traducteurs pour les langues étrangères, aussi, il est naturellement besoin d'un « traducteur » pour ceux-là qui ne saisissent pas intellectuellement celle de France.

<u>*Ce point consternant d'analphabétisme partiel est à résoudre législativement au plus vite.*</u> *»*

La mise en évidence de la corruption généralisée du système judiciaire français, avec une Gendarmerderie et une Magistrature de connivences

L'huissier René BACCINO n'est pas un officier ministériel anodin.

Il est un « ancien » colonel de la gendarmerie, réserviste, ayant un lien avec une personne de l'OTAN, à qui il « prélève » des informations...

Il a comme complice pour ses trafics d'informations, Séverine HENRY, qui œuvre dans le domaine des « Renseignements », et selon certaines sources, sporadiquement comme agent infiltré dans les milieux islamistes.

Ses autres connexions particulières, et variées, se trouvent en Francis FORMELL gradé dans la gendarmerderie, Pierre RANCE, une espèce de psychiatre, Eric PALOMBO, négociant en métaux quelconques comme l'or,...

Je ne vais pas m'étendre sur son sujet, tout étant déjà exprimé dans la missive au président de la république française d'alors, François HOLLANDE...

Par ailleurs, vous avez dû remarquer tout du long de la lecture de ce témoignage narratif, une commune constance dans nombreux patronymes des protagonistes impliqués, notamment régionaux, en une consonance italo-corse...

A ces jours de janvier 2014 (et même de 2019), soit près d'un an après mon agression, soit près de six mois après que François Hollande et le Conseil Constitutionnel furent informés des magouilles officielles, du cloaque et du marasme judiciaire, soit plusieurs mois après que furent notifiés, ses ministres concernés, Manuel VALLS, qui avait la charge de la Gendarmerie, mais aussi MOSCOVICI, et après avoir envoyé près de 3000 fax à tous les notaires locaux et parisiens, à tous les tribunaux de France, et aux principaux médias de la capitale, journaux papiers et télé, le résultat fut éloquent : RIEN ! ABSOLUMENT RIEN ! Même pas un courrier !

Il est un fait indiscutable : Les magistrats et les autorités ne côtoient essentiellement, en dehors des victimes, que des malfrats, des salauds, des criminels, et s'ils ont besoin de services « spéciaux », ils savent à qui s'adresser, savent comment obtenir leur obéissance, et savent comment les payer d'une manière gratuite (*sic*)...

Parallèlement, certains flics et certains gendarmes font des extra...

La FRANCE est bien un pays de salopards, non pas par son peuple, mais bien par ceux qui la maîtrisent d'une main de fer. Ils ont le beau jeu vu qu'il n'y a aucun contre-pouvoir, aucune organisation qui combat cette sale secte d'« enculés ». Un monde idéal bien entretenu par la lâcheté des politiques, tous ceux qui savent et ne participent pas, qui détournent les yeux, comme sous l'époque bénie de l'Occupation...

HITLER avait bien raison en ce qui les concerne, et de vouloir éliminer la vermine que sont les membres de ces occultes organisations, gangrènes de l'Humanité.

La corruption du notariat et ses pratiques pour dérober et détourner des fonds

Il est à savoir que, parmi les professions officielles des notaires, des huissiers et des avocats, c'est bien ces premiers qui ont le plus de problèmes judiciaires, et qui fournissent annuellement le plus, la liste des radiations des officiers ministériels.

Cela ne veut pas dire que ce sont les plus véreux, mais simplement les moins « protégés ».

Ce n'était pas la première fois que j'étais confronté à la corruption mais aussi à la malhonnêteté du notariat, et plus particulièrement de ses acteurs principaux, ceux des chambres locales.

Pour récapituler, ayant découvert des malversations, des fraudes, des escroqueries et des abus de confiance, bref, des extorsions et des vols perpétrés par une bande criminelle organisée qui profitait d'un notaire de connivence, j'avais alerté le notariat en son responsable attitré, Jean-Fabrice ANSELMO, Président de la Chambre Départementale des Bouches-du-Rhône.

J'ai aussi alerté Jacques DALLEST, procureur au Tribunal de Grande Instance de Marseille.

J'ai aussi alerté le ministère dont dépend le notariat, en la personne de la Garde des Sceaux, Christiane TAUBIRA, et par conséquent, la Direction des Affaires Civiles et du Sceau (DACS), service en charge de la surveillance de la conformité des faits et actes des officiers ministériels que sont les huissiers et les notaires.

Qu'est-il arrivé par la suite, face à ces graves déclarations étayées par des preuves irréfutables ?

Aucune réponse !

Et donc, aucune remontrance, aucune sanction.

Enfin, non ! Pas aucun acte. Mon notaire s'est retrouvé avec un contrôle de la part de sa hiérarchie professionnelle directe, la Chambre Départementale des Bouches-du-Rhône, avec à sa tête, son Président Jean-Fabrice ANSELMO. Le contrôle a été orienté et ciblé sur mes affaires personnelles, le meilleur moyen d'essayer de me faire chanter, et de m'isoler en motivant mon notaire de ne plus suivre mes affaires ! Je n'avais rien à me reprocher, et j'avais l'opiniâtreté de leur résister.

Et qu'est-il arrivé à Pascale BRANCHE, la véreuse notaire liée à la mafia, qui m'avait détourné plus de seize mille euros ?

Rien ! Elle a continué ses petites affaires avec ses amis de l'organisation criminelle, encore plus forte et fière de son immunité éprouvée.

Et mes fonds en question ont disparu en pure perte pour moi, mais pas pour n'importe qui.

Parallèlement, les autres du notariat, fort d'informations confidentielles à mon sujet, ont procuré à la bande mafieuse les précisions nécessaires pour me nuire, telles que celles bancaires, et spécialement celles du fait que j'étais client chez « HSBC France »...

La suite, vous la connaissez déjà en ce qui concerne « HSBC », et ses rapports étroits avec les entreprises criminelles et les organisations mafieuses de tous genres.

Françafrique, la Française-Maconnerie pire que la C.I.A.

Le passé peu glorieux de la France.

Alors que le monde entier a critiqué par le passé la C.I.A., pour ses pratiques musclées et intrusives en Amérique du Sud, ces mêmes objecteurs de conscience franchouillards omettaient de parler de ce qu'il se passait en même temps en Afrique.

Les services « spéciaux » français ont mis la main sur plusieurs pays « nègres » afin de leur en dérober, officiellement s'entend, les précieuses ressources naturelles, comme, entre autres, le pétrole.

Pour cela, ils ont armé et aidé militairement d'ambitieux autochtones vendus aux exigences françaises, et les ont installés au pouvoir.

Qu'importe les dictatures, elles présentent l'avantageux avantage (sic) d'une sécurité pérenne sur les accords commerciaux, et leurs applications in situ.

Un seul bénéficiaire, la FRANCE, officiellement, mais en réalité, ou plus exactement, certains privilégiés français, par l'intermédiaire de sociétés comme « ELF », devenue désormais « TOTAL », mais aussi, AREVA, VINCI, EDF...

Derrière ce paravent du drapeau tricolore auquel nous sommes attachés, se terre en fait la fameuse sale organisation criminelle, la Française-Maconnerie.

Mais, en quelque sorte, les motivations de la C.I.A. étaient plus « pures » puisqu'elles étaient de prime abord idéologiques, pour combattre les salauds de communistes (pléonasme), alors que celles de la Française-Maconnerie, sous le double couvert de sociétés privées et de l'étendard national, et des prétendus « droits de l'Homme », étaient délibérément crapuleuses.

Et il leur fallait absolument tout, sans partage aucun.

La Française-Maconnerie n'a pas hésité à spolier des gens, des ethnies, des peuples, pour asseoir un dictateur avec qui ils ont échangé par la suite des intérêts et des richesses.

Quant à l'environnement, il est oublié de la table des négociations.

Comme tout freemason de tout pays, les français-macons se moquent de la Nature.

Ce sont bien des salopards puisque, en dépit du pouvoir absolu qu'ils détenaient sur ces chefs d'état, ils ne leur ont jamais passé la consigne de faire profiter, ne serait-ce que quelque peu, les « indigènes », des richesses soutirées. Bien au contraire, cette organisation criminelle a avalisé les détournements et l'enrichissement personnel de ses dictateurs chéris.

Les peuples sont restés dans la misère, pour le plus grand bien des sociétés françaises, puisqu'il sera toujours plus facile de maîtriser, de faire taire, de faire obéir des personnes en constant état de survie, et de les employer à vil prix, avec au surplus, un chantage à l'emploi...

Des consignes sur le partage des richesses, comme sur la protection de l'environnement, les français-macons s'en sont bien gardés...

Bref récapitulatif

En définitive, le FUSINATO était le « producteur » du package de l'agression, incluant séquestration, saucissonnage, vol, chantage, menaces, extorsions et intimidations.

La notaire Pascale BRANCHE en était la bénéficiaire passive, mais principale, du gain du chantage, des menaces et des intimidations au titre d'une discrète « protection professionnelle » qu'elle en retirait.

Des forfaits qui devaient m'incliner à cesser toute poursuite quant à ses nombreux délits, mais aussi à ses « manquements » déontologiques de non dénonciation de fraudes aux autorités, telles que l'inscription d'un faux document, l'omniprésence occulte d'un intermédiaire tant au niveau « administratif » que financier, la violation de la loi « Hoguet », et autres broutilles pénales.

La Chambre Départementale des Notaires des Bouches-du-Rhône, en la personne de Jean-Fabrice ANSELMO, était une autre bénéficiaire indirecte, puisque, en couvrant Pascale BRANCHE, malgré le fait qu'elle offrait en sus toute latitude à la bande pour continuer à spolier d'autres personnes sous une fallacieuse légalité, elle échappait aux affres de sa responsabilité solidaire au titre financier.

La plus veule des attitudes et la plus sale des corruptions.

L'identité du président des Chambres change, mais les sales manières persistent depuis des décennies : Nier les crimes des confrères est une nécessité pour ne pas avoir à partager le dû.

Et qu'importe qu'il y ait de nouvelles victimes.

La loi est bien faite puisqu'elle a suscité et créé une obligation tacite d'entraide et d'auto-protection exclusive...

La bande « CALLEN and Co » en est la bénéficiaire originelle, par le résultat obtenu de s'être faite libérer de ses obligations officielles du compromis, mais aussi de l'abandon « recommandé » des poursuites...

« Indépendance » n'est en aucune manière synonyme d'« Intégrité ».

Bien au contraire, ces actes démontrent qu'une certaine forme d'indépendance, sans moyen externe de surveillance, de contrôle et de sanction ne favorise et ne garantit nullement contre la corruption, mais laisse plutôt à ses acteurs, libre cours à leur imagination pour perpétrer encore et toujours plus, des « travers » qui pourront rester impunis.

Les « autorités », pourtant prévenues, n'ont rien fait pour protéger ou pour endiguer ces actes criminels, et même suite aux dernières exactions physiques. Elles sont restées inactives.

Je les accuse de non assistance à personne en danger, d'entrave à la manifestation de la vérité, de non dénonciation de crimes, mais aussi de complicité passive, puisqu'il est certain que, si les personnes incriminées que j'avais Identifiées et dénoncées auparavant, avaient été, ne serait-ce qu'interrogées, celles-ci auraient réfléchi plus d'une fois avant d'agir tel qu'ils l'ont fait le 27 mars 2013, à savoir la mise en exécution de leur menaces.

Au compte des nombreuses plaintes pénales que j'ai déposées à divers titre, au regard de multiples délits, contre de nombreuses personnes, si dérangeantes qu'elles sont étayées par des preuves irréfutables à l'encontre de certains notables de la région, avocats, huissiers, greffiers, magistrats, juges et procureurs, il est aisé de comprendre que cette agression a arrangé beaucoup de personnes, et sans doute bien davantage que les seuls commanditaires producteurs.

Ceux-là avaient tout intérêt de déprécier ma plainte concernant les menaces, au point de la faire oublier...

Il est certain qu'ils auraient tous retiré soulagement, satisfaction et même plaisir de me voir disparaître...

Épilogue inachevé

Tout est dit ?
Tout est fini ?
Loin de là.
J'avais rédigé ce livre témoignage en 2014, quand je m'étais installé en Californie.
J'avais alors demandé l'asile politique.
Les services de l'immigration étaient forts surpris de découvrir qu'un français demandait une autorisation protectrice de rester sur leur territoire, au regard de risques concrets encourus sur le sol d'un pays d'origine à la réputation mondiale, de défenseur des « Droits de l'Homme ».
Après quelques entretiens avec l'instructeur, assisté de mon avocat, le bureau de San Francisco était en passe de me le délivrer, quand j'ai décidé de revenir en France mi janvier 2015, soit après y avoir séjourné plus d'un an, et y avoir créé deux sociétés.
Je suis revenu pour des raisons personnelles, et pour rompre les derniers liens d'attache matérielle puisque la vente d'un bien immobilier sous compromis devait être entérinée.
A ce sujet, mon retour fut vain, vu que le prétendu acquéreur, « professionnel » parisien, était un escroc, et voulait profiter de ma situation lointaine... Malgré sa défaillance contractuelle, une clerc de notaire arrangeante avec le gredin, lui a restitué, à mon corps défendant tout autant qu'à celui de la Loi, son dépôt de garantie...

En attendant sa prochaine cession, je me suis installé à nouveau dans cette région.

Mal m'en a pris...

J'avais mis de côté cet ouvrage, ayant tiré en quelque sorte un trait sur ce sale passé.

Mais, suite aux plus sales « événements » qui me sont arrivés dans cette sale région, par ces sales acteurs que sont la magistrature et sa gendarmerderie, j'ai (re)trouvé la nécessité de mettre au jour, de divulguer les prémices, les racines de ce Mal que je combattais depuis fort longtemps.

Avec pour « apothéose » criminelle, un internement abusif et une violation de mes droits, en sus d'une entreprise de spoliation de mes biens, j'ai découvert tous les rouages de corruption de tout l'ensemble du système judiciaire local, des pratiques approuvées, protégées et délocalisées par les pouvoirs nationaux, bien à l'abri dans la capitale.

Ces derniers se sont permis des délits outrageant la République elle-même, en des manquements au droit de l'Union Européenne, en des violations aux lois supranationales concernant les droits fondamentaux de justice, de liberté et de sécurité, et des « Droits de l'Homme ».

Pour parvenir à un tel cheptel de délits, les uns plus immoraux que les autres, ces représentants gouvernementaux et ces représentants institutionnels, portant atteinte aux libertés inaliénables de l'ordre du politique, du religieux et du dogmatique, ont fait preuve d'une éclatante démonstration de leurs spécieux talents pour concocter une corruption généralisée de l'entier système judiciaire français, par sa magistrature et plusieurs de ses autorités telle que la gendarmerderie.

Celles-ci, sans exception et sans faille, ont commis et/ou participé aux actes de fraudes, d'extorsions, de faux et d'usages de faux, de séquestration, d'intimidations, de menaces, de chantages, d'internement abusif, d'escroqueries, etc., avec le double facteur aggravant d'association de malfaiteurs et de bande organisée.

Ces sales mésaventures m'ont conduit à une ruine locale, au prix d'un exil forcé pour préserver mon intégrité, du moins physique.

J'ai subi humiliation, discrédit, dégradation et décrédibilisation, au surplus d'une torture intellectuelle et mentale pendant près d'une douzaine de jours, au cours d'un internement abusif durant la seconde moitié du mois de novembre 2018.

J'ai alors découvert et compris bien plus sur leurs réseaux et leurs desseins.

J'ai identifié davantage d'officiels corrompus.

J'ai redécouvert certains mêmes magistraux (*sic*) individus, mutés depuis, de Marseille à Toulon...

Je me suis remis à la tâche, et ai alors écrit et publié un témoignage à ce sujet chronologiquement postérieur à celui-ci, mais le présent, resté alors au stade de « brouillon », a été relu, corrigé et édité dernièrement, devenant, une sorte de préquel...

Je l'ai déjà évoqué, il s'intitule :

« *2018, FRANCE, VAR : Internement Abusif à Buts Politique, Religieux et Dogmatique* »,

par lequel je dénonce les réels commanditaires au sein de la française-maconnerie, à savoir, E.MACRON, E.PHILIPPE, S.BOUILLON, C.CASTANER, et autres pervers.

Par cet addendum, je tiens à expliquer pourquoi j'écris bien, confirmant du systématique « sic », « français-macons ».

Déjà, je pense qu'il faut bien faire un distinguo entre eux, surtout ceux de certains pays, notamment ceux français, qui sont bien des « enculés », alors que tous ceux du reste de la planète, n'en sont nécessairement pas.

J'ai pu remarquer des différences notables dans d'autres pays, où leur attachement n'est pas si « satanique » que dans l'hexagone, même si leur dessein général s'oriente dans la même veine.

Il est à ajouter que l'utilisation inappropriée, improprement à leur avantage, du terme « franc » me gêne particulièrement, par son opposée réalité, qui demeure fallacieusement arrangeante.

Certes, d'une ancienne définition, ce terme peut aussi désigner la liberté, la non dépendance.

Cependant, il reste de nos jours, d'une mauvaise traduction, typiquement française. Le terme originel moderne vient d'Outre-Manche, « Free-Mason », dont la traduction est « libre ». Cela est dû à leur dogme, qui fait vœu d'indépendance spirituelle absolue par rapport à l'Univers, tel qu'il a été créé et voulu originellement par son créateur. Un lien divin rompu par leur rituel initiatique, par lequel les individus démissionnent de leur appartenance atavique à dieu. Certes, pour un autre asservissement...

C'est pour cela que je n'emploie pas « Franc », mais « français ». Et spécialement quand cela concerne les adeptes du cru, car j'ai cependant l'impression que ceux d'en France sont plus pervers, plus vérolés, plus mafieux que dans la plupart des autres pays. J'en veux pour preuve que chez certains « ailleurs », il y a même des associations, des partis politiques, des groupements, anti-maçonniques. Et officiellement. Et même en. Écosse, berceau d'un des plus anciens et des plus grands courants de ce dogme religieux moderne.

Alors qu'il n'y a pas d'opposition officielle en France. Cherchez l'erreur !

Quant à l'« oubli » de la cédille, c'est plutôt une trace camouflée humoristique, de ce qu'ils sont, reprenant leurs artifices mystérieux et leurs manières occultes de laisser des signes visiblement celés pour les affranchis...

About the author

Laurent A. C. GRANIER is a French author, an eclectic writer, of philosophy as much as movie scenario or concept of Reality TV.

He is Master Philosopher as well as Theoretician.

His other books talk about different subjects.

One about the possibility of the existence of God by the mathematical reasoning, another one about a new theory treating the Dinosaurs extinctions by an increase of Gravity, and another one about the theory of Relativity vs. Quantum Mechanics.

In this last field, Laurent GRANIER is the one who has found the Einstein's mistake about his theory of Relativity, and his other one about Quantum Mechanics.

He works on anti-gravity "engines", a nuclear power with almost no waste and a massive dissuasion weapon. For this, he is writing a new physical basis.

Among his confidential discoveries on physics, he has found too, the real paradox of Time Travel.

He developed a new theory about Evolution, going further than Darwin's one, by explaining how it works.

He works on a new med to erase migraine.

As an inventor, he holds more than 25 patents. E.g. the "Bank Gift Card" is his invention, as well the warning system of car's blind spot mirror.

Since he is an expert in intellectual property, he wrote a book : "Patent Rights: Aberrations, Lures and Scams", denouncing the big mistakes and the fake rights and laws of Patent system.

In addition, he is a designer.

His capacity to analyze deeply everything enables him to find a solution to (almost) any problem.

Laurent GRANIER is a sensitive, open minded autodidact.

Open eyes, open ears, he never keeps quiet in front of injustice, fighting it everywhere."

He is the founder of the NGO foundation « ANOTOW – Another Tomorrow ».

**The Cocker Publisher pour le compte de « ANOTOW »
(Another Tomorrow) ONG Fondation**

ISBN: 9781097851164

www.ingramcontent.com/pod-product-compliance
Lightning Source LLC
Chambersburg PA
CBHW062145280526
45788CB00001B/312